POLYGLOTT on tour

Zypern

Der Autor
Ralph Raymond Braun

Unser E-Book-Code zur elektronischen Erweiterung des POLYGLOTT on tour. Das kostenlose E-Book enthält die im Reiseführer aufgeführten Adressen entlang der Touren, beispielsweise zu Essen und Trinken, Shoppen, Aktivitäten und Hotel-Tipps. Links auf einen externen Kartendienst vereinfachen das Auffinden dieser Adressen.

**Mit großer Faltkarte
& 80 Stickern
für die individuelle Planung**

www.polyglott.de

6 Typisch

20 Reiseplanung & Adressen

32 Land & Leute

SYMBOLE ALLGEMEIN

 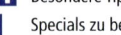 Besondere Tipps der Autoren

 SPECIAL Specials zu besonderen Aktivitäten und Erlebnissen

 SEITEN BLICK Spannende Anekdoten zum Reiseziel

 Top-Highlights und Highlights der Destination

48 Top-Touren & Sehenswertes

TOUR-SYMBOLE		PREIS-SYMBOLE	
❶ Die POLYGLOTT-Touren		Hotel DZ	Restaurant
6 Stationen einer Tour	€	bis 75 EUR	bis 18 EUR
① Hinweis auf 50 Dinge	€€	75 bis 140 EUR	18 bis 30 EUR
[A1] Die Koordinate verweist auf	€€€	über 140 EUR	über 30 EUR
die Platzierung in der Faltkarte			
[a1] Platzierung Rückseite Faltkarte			

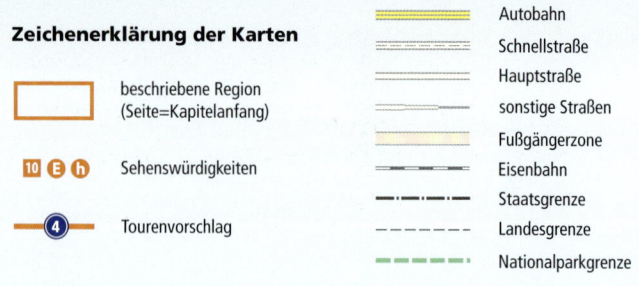

Zeichenerklärung der Karten

beschriebene Region
(Seite=Kapitelanfang)

10 E h Sehenswürdigkeiten

4 Tourenvorschlag

Autobahn
Schnellstraße
Hauptstraße
sonstige Straßen
Fußgängerzone
Eisenbahn
Staatsgrenze
Landesgrenze
Nationalparkgrenze

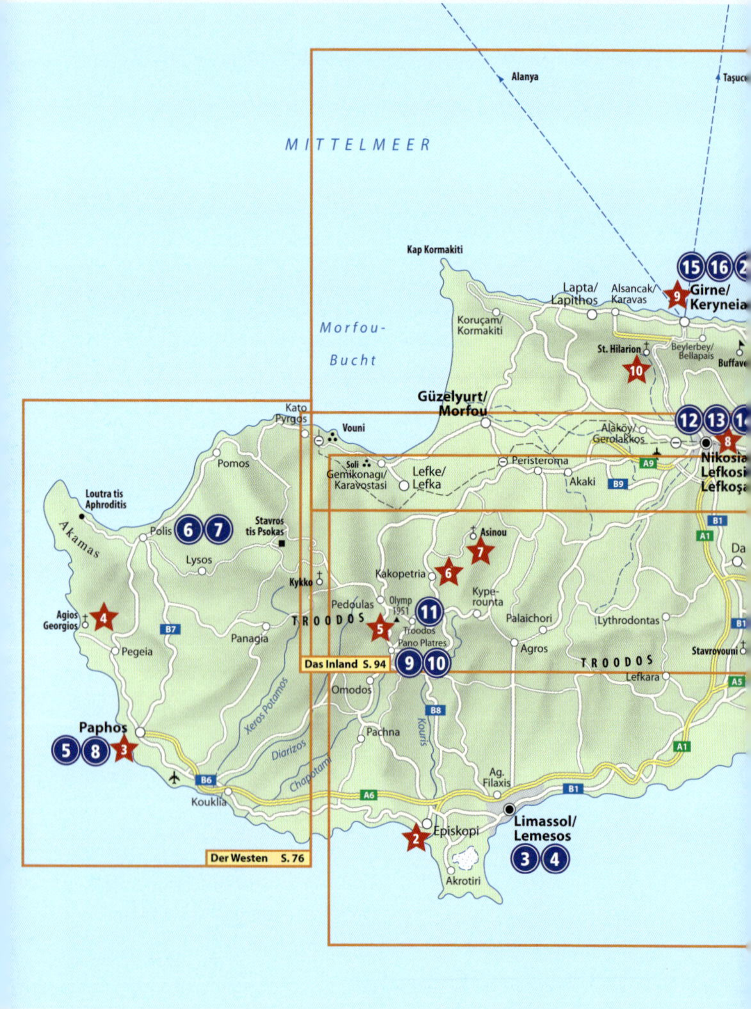

MITTELMEER

→ Alanya → Taşucu

Kap Kormakiti

Lapta/ Alsancak/ **15 16 2**
Lapithos Karavas **Girne/**
9 Keryneia

Koruçam/
Kormakiti

Morfou-

St. Hilarion **10** Beylerbey/
Bellapais Buffave

Bucht

Kato **Güzelyurt/** Alaköy/ **12 13 1**
Pyrgos **Morfou** Gerolakkos **8**
Nikosia
Vouni **Lefkosia**
Pomos Soli Lefke/ Peristerona **Lefkoşa**
Gemikonagi/ Lefka **A9**
Karavostasi Akaki **B9**
B1

Loutra tis Stavros Asinou **A1**
Aphroditis tis Psokas **7**
Polis **6 7** Kakopetria **6** Kype- Da
Lysos rounta
Palaichori Lythrodontas **B1**
Akamas Kykko Pedoulas **T R O O D O S** Agros **T R O O D O S** Stavrovouni
Agios **4** Olymp **11** Troodos **A5**
Georgios 1951 **5** Pano Platres Lefkara
Pegeia **B7** **9 10** **A1**
Panagia **T R O O D O S**
Das Inland S. 94
Omodos
Xeros Potamos Pachna Diarizos **B8**
Paphos **A1**
5 8 3
B6 Ag.
Kouklia **A6** Filaxis **B1**
Der Westen S. 76 **2** Episkopi **Limassol/**
Lemesos
Akrotiri **3 4**

Top 12 Highlights

1. Strände von Agia Napa › S. 55
2. Archäologische Stätte von Kourion › S. 71
3. Archäologischer Park von Paphos › S. 82
4. Avakas-Schlucht › S. 88
5. Artemis-Trail am Olymp › S. 102
6. Kakopetria › S. 102
7. Scheunenkirche Asinou › S. 106
8. Nationalmuseum in Nikosia › S. 109
9. Girne (Keryneia) › S. 123
10. Burg St. Hilarion › S. 128
11. Altstadt von Famagusta › S. 134
12. Golden Beach › S. 142

(1) Touren-Start

Perfekte Planung Parallel Klappe vorne links aufschlagen

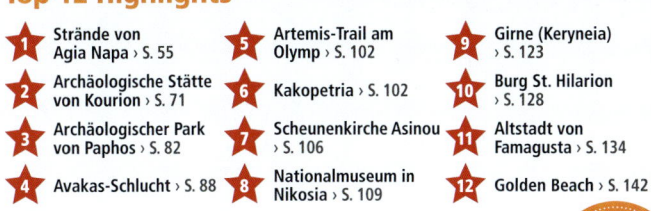

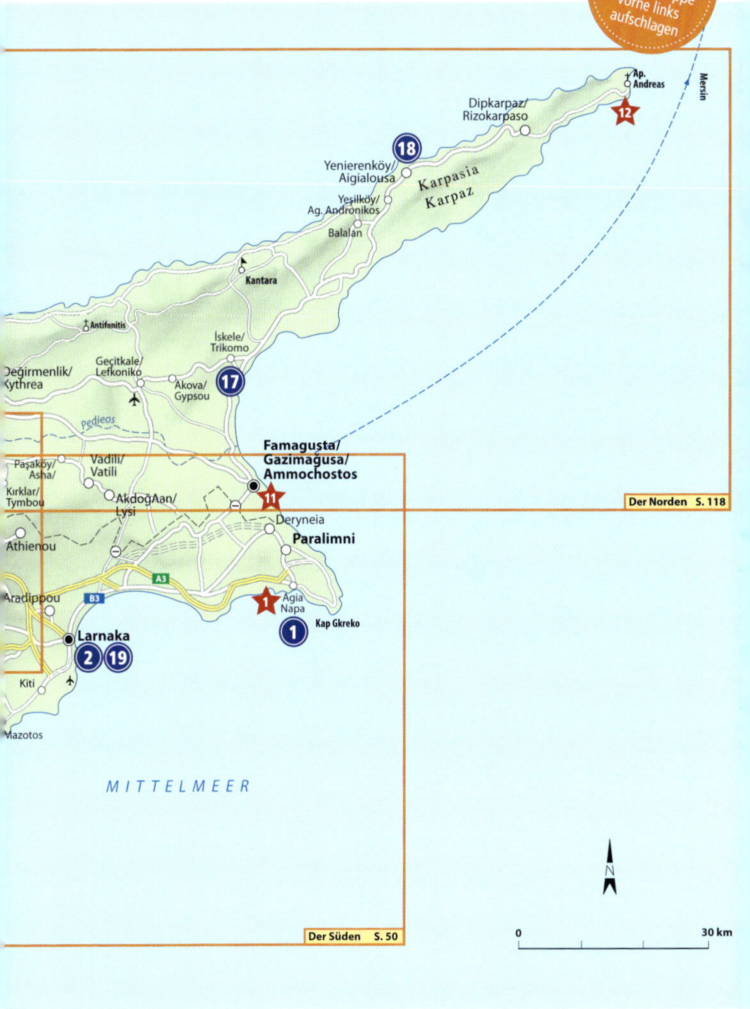

Ap. Andreas
Mersin
Dipkarpaz/ Rizokarpaso
Yenierenköy/ Aigialousa
Karpasia Karpaz
Yeşilköy/ Ag. Andronikos
Balalan
Kantara
Antifonitis
İskele/ Trikomo
Geçitkale/ Lefkoniko
Değirmenlik/ Kythrea
Akova/ Gypsou
Pedieos
Famagusta/ Gazimağusa/ Ammochostos
Paşaköy/ Asha/
Vadili/ Vatili
Kırklar/ Tymbou
Akdoğan/ Lysi
Deryneia
Paralimni
Athienou
A3
B3
Aradippou
Agia Napa
Kap Gkreko
Larnaka
Kiti
Mazotos
MITTELMEER
Der Norden S. 118
Der Süden S. 50
N
0
30 km

Die Akamas-Halbinsel säumen
Buchten mit glasklarem Wasser

TYPISCH

Zypern ist eine Reise wert!

Nackt und in vollendeter Schönheit sei sie einer Muschel entstiegen, die der Sturm an Zyperns Gestade getrieben hatte, schwärmten die griechischen Dichter von der göttlichen Aphrodite. Die Göttin der Schönheit und der Liebe wusste, warum sie gerade hier an Land ging.

Der Autor **Ralph Raymond Braun**
studierte Geschichte, Politik, Germanistik und Geografie. Nach Gastspielen als Lehrer und Reiseleiter wurde er Reisejournalist und hat inzwischen drei Dutzend Reisebücher über Städte, Regionen und Länder in Europa und im Mittelmeerraum verfasst. Über Zypern recherchiert und schreibt er seit den 1980er-Jahren und besucht dabei regelmäßig beide Seiten der geteilten Insel.

Die Legende von der Geburt Aphrodites an Zyperns Küste lockte schon im Altertum die Pilger, und die Schönheit der Schaumgeborenen spiegelt sich ohne Zweifel in der lieblichen Insellandschaft wieder. Hier säumen flache, goldgelbe Sandstrände das türkisblaue Meer, dort unterbrechen romantische Buchten die bizarre Felsküste, hier genießt man ein Picknick im Schatten von Pinien, dort hat man einen herrlichen Ausblick über das Meer. An 300 Tagen lacht die Sonne über der Insel, selbst in der kältesten Jahreszeit, wenn für wenige Wochen

Kourion an der zyprischen Südküste war in der Antike eine bedeutende Stadt

Auch der Nordteil der Insel eignet sich bestens für einen Strandurlaub

cken: Die äußerlich unscheinbare Kapelle von Asinou birgt einzigartige Schätze mittelalterlicher Kirchenmalerei, die gotische Kathedrale von Famagusta strebt himmelwärts. Sehenswerte Stationen, bei denen man auf den Spuren alter Kulturen durch die Zeit reist, sind das römische Theater von Kourion, der Aphrodite-Tempel auf der Akropolis von Amathus, der Palast des persischen Statthalters in Vouni oder die Kreuzritterburg St. Hilarion.

Umgeben vom Orient, versteht sich die östlichste der großen Mittelmeerinseln doch als ein Teil Europas. Griechen und Römer, fränkische Ritter, venezianische Kaufleute und zuletzt die britische Kolonialverwaltung haben die Insel weit mehr geprägt als drei Jahrhunderte türkisch-osmanischer Herrschaft. Die Engländer hinterließen nicht nur den Linksverkehr, sondern auch Pünktlichkeit und Sonntagsruhe. Vor einem puritanisch

eine Schneedecke den Olymp einhüllt und die Einheimischen ihre Skier auspacken, gehen mutige Gäste unten am Meer noch ins Wasser. Wanderer haben die Qual der Wahl zwischen auch im Hochsommer angenehm temperierten, schattigen Bergwäldern, wilden Schluchten, dem mediterranen Hügelland mit seinen Weingärten, duftenden Wildkräutern und Blumenwiesen oder den Oliven- und Johannisbrothainen der Küstenebenen. Schon im Dezember blühen Zistrosen, Anemonen und wilder Lauch als erste Frühlingsboten, und wenn sich in den Bergen noch einmal der Frost aufbäumt, badet die Ebene bereits in einem Meer aus rosafarbenen Mandelblüten.

Vorbildlich sind die ausgewiesenen Naturlehrpfade der Forstverwaltungen in beiden Inselteilen, auf denen man die Landschaft erwandern kann. Für Kunstinteressierte gibt es Kleinode zu ent-

Wie das duftet! – Blumenwiese auf der Karpaz-Halbinsel

Sie schmecken so lecker, wie sie aussehen – eingekochte Früchte

ser Agrotourismus bringt neues Leben und Arbeitsplätze in die von der Abwanderung bedrohten Bergdörfer und Randregionen und lässt den Besucher am einfachen, ruhigen Rhythmus ländlichen Lebens teilhaben. Nicht zu vergessen die köstliche bäuerliche Küche und die zahlreichen Feste. Hier trifft man im Sommer auch weltgewandte Zyprer, die längst in England, Amerika oder Australien leben oder gar schon dort geboren sind, jedoch regelmäßig für ein, zwei Wochen zu ihren Wurzeln zurückkehren.

Doch Aphrodites liebliche Insel ist heute auch voller Hader und Zwist. Eine von Blauhelmen geschützte Demarkationslinie trennt die verfeindeten Volksgruppen der Zyperntürken und der Zyperngriechen. Als hässliche Narbe zieht sie sich quer über die Insel und teilt dabei auch die Hauptstadt wie seinerzeit Berlin. Kommt das Gespräch auf die jüngere Geschichte und Politik, trifft der Fremde auf schwärende Wunden und patriotischen Eifer, der für Unbeteiligte nicht ohne Weiteres nachzuvollziehen ist. Wer ihn nicht teilt, wird allzu schnell als Parteigänger der jeweils anderen Seite eingestuft. Was den einen Invasion und Besatzung, bedeutet den anderen Befreiung und Schutz. Suchen die einen den Schulterschluss mit Griechenland und der Europäischen Union, binden sich die anderen um so enger an die Türkei. Zyperns Seele ist tief gespalten.

frühen Kneipenschluss muss sich in den Ferienorten allerdings niemand fürchten. Während der Reisesaison tost hier das Nachtleben bis in die frühen Morgen.

Zwar überliefern die Dichter uns allerlei von Aphrodites Liebesabenteuern mit Göttern und Halbgöttern, aber nichts von ihren Begegnungen mit den Menschen der Insel. Käme die Göttin heute nach Zypern, würden auch Lebensfreude und Gastfreundschaft der Einheimischen sie zum Bleiben bewegen. Für mich ein Grund, warum ich Zypern immer wieder gerne besuche und mich dort wohlfühle. Abseits der Urlaubszentren begegnet man dem Fremden mit einem herzlichen »Kopiaste!«, vage zu übersetzen als »Tritt ein, setz' dich und halte mit«, lädt ihn zum Kaffee, reicht ihm die Früchte des Gartens – Verstehen auch ohne Sprachkenntnisse.

In einigen Dörfern wurden traditionelle Bauernhäuser zu schmucken Pensionen herausgeputzt. Die-

Reisebarometer

Was macht Zypern so besonders? Scheunendachkirchen im Troodos-Gebirge, die antiken Gräber
in Paphos. die kilometerlangen Strände an der
Ost- und Südküste und im Hinterland duftende
Pinienwälder, die zum Wandern einladen.

Abwechslungsreiche Landschaft
Duftende Kiefernwälder in den Bergen, Orangen- und
Zitronenhaine in den Küstenebenen

Kultur/Besichtigungsmöglichkeiten
UNESCO-geschützte byzantinische Kirchenmalerei

Kulinarische Vielfalt
Von allen orientalischen Spezialitäten etwas: die Meze

Spaß und Abwechslung für Kinder
Sandburgen bauen und abends lange aufbleiben

Shoppingangebot
Nur ab und zu findet man ein originelles Souvenir.

Abenteuer und Entdecken
Mit dem Jeep durchs Gelände? Fußgänger, Radler und
Taucher entdecken mehr.

Auswahl sportlicher Aktivitäten
Im Winter morgens schwimmen, mittags Ski fahren

Geeignet für Strandurlaub
Knapp 60 Strände mit Blauer Flagge in schönem Umfeld

Geeignet für Wanderurlaub
Am besten im Frühling, wenn die Orchideen blühen.

Preis-Leistungs-Verhältnis
Zypern ist nicht billig, bietet aber viel.

● = gut ● ● ● ● ● = übertrifft alle Erwartungen

50 Dinge, die Sie …

Hier wird entdeckt, probiert, gestaunt, Urlaubserinnerungen werden gesammelt und Fettnäpfe clever umgangen. Diese Tipps machen Lust auf mehr und lassen Sie die ganz typischen Seiten erleben. Viel Spaß dabei!

… erleben sollten

(1) Mit dem Kajak ums Kap Bei Ebbe lässt sich die zerklüftete Küste rund um das Kap Gkreko › **S. 56** mit ihren Grotten, Höhlen und natürlichen Felstunneln erkunden (Mike's Water Sports, Konnos Beach [**H4**], Protaras, Tel. 9960 5833, www.mike watersports.com).

(2) Eselreiten Gemächlich durch die Landschaft schaukeln und die Aussicht genießen – auf der Golden Donkeys Farm in Skarinou › **S. 64** können Kinder wie Erwachsene ausreiten (Tel. 9962 0736, www.gol dendonkeys.com).

(3) Zypern von oben Bei einem Tandemflug mit einem Gleitschirm kann man über den Steilhängen des Beşparmak-Gebirges schweben. Buchung: Highline Air Tours, Hafen von Girne [**E2**] (Tel. 053 3870 9222, www.highlineparagliding.com).

(4) Auf dem Rad an die Spitze Für eine Mountainbike-Tour von Polis zum Leuchtturm an der einsamen Landspitze der Akamas-Halbinsel › **S. 89** bekommen Sie Fahrrad, Tourenkarte und GPS-Navi in Polis bei Wheelie Cyprus (Tel. 099 350 898, www.wheeliecyprus.com).

(5) Wunschzauber Beim Grab von Erzbischof Makarios in Kykko › **S. 105** bezeugt ein Wunschbaum, dass er wie ein Heiliger verehrt wird. Hängen Sie einen Stofffetzen an den Baum und wünschen Sie sich etwas. Ist der Stoff verrottet, hat sich Ihr Wunsch erfüllt.

(6) Tauchen mit Werner Dank guter Sicht bieten die Gewässer um Agia Napa › **S. 55** beste Tauchbedingungen. Fortgeschrittene wie Anfänger wenden sich an Werner (Tel. 99 020 131, www.qdivers.com, Schnuppertauchen 58 €).

(7) Skilust Von Dezember bis März an den Hängen des Olymp › **S. 100** talwärts wedeln: Die Lifte des Cyprus Ski Clubs machen es möglich. Skiverleih an den Pisten, 12 €/Tag, Skipass 18 €/Tag (www.skicyprus.com).

(8) Romantische Rast Ideal zum Picknicken ist die Kelephos-Brücke [**C5**] im Wald von Paphos. Mit Blick auf den venezianischen Brückenbogen sitzt man am Bach.

(9) Beautybad Ein Sprung in die Bäder des Adonis › **S. 88** soll Schönheit bescheren. Morgens um 9 Uhr ist das Licht bei den smaragdgrünen Becken am stimmungsvollsten.

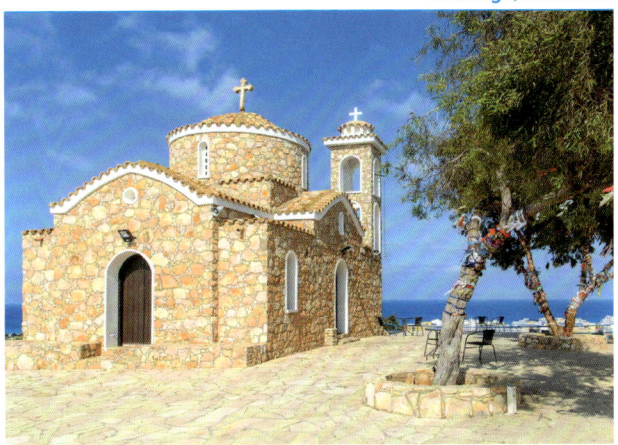

Auf Zypern hilft noch das Wünschen: Wunschbäume neben der Agios Ilias in Protaras

(10) **Aromatherapie** Im Frühjahr liegt der betörende Duft von Zitronen- und Orangenbäumen über der Schwemmlandebene bei Güzelyurt › S. 129. Beim Spazierengehen ist dann jeder Atemzug ein Genuss.

… probieren sollten

(11) **Bachforelle** Am Ende des Kaledonia-Trails › S. 102 stärken sich hungrige Wanderer im Forellenrestaurant Psilo Dendro [C5] (an der B8). Man sitzt im Freien an rustikalen Tischen und die frische gegrillte Forelle schmeckt köstlich.

(12) **Mezedes** Oliven, Kartoffelpüree mit Knoblauch, Fischrogensalat, Tsatziki, Tintenfisch in Rotwein, eingelegter Blumenkohl, gefüllte Weinblätter, Schafskäse – die Meze sind äußerst vielfältig. Im Seven Saint Georges in Paphos › S. 93 kann man nachbestellen, bis man satt ist.

(13) **Kleftiko** (türk. fırın kebap) Ein zarter Lammbraten, der stundenlang im versiegelten Lehmofen schmort – sie bekommen ihn vor allem in Ausflugslokalen, etwa an der Straße nach Yenierenköy › S. 142.

(14) **Edle Tropfen** Zyprische Weine werden schon in der Bibel gepriesen. Die Bioweine der Kellerei Gaia Oinotechniki [C5] in Agios Ambrosios › S. 53 sind vielfach prämiert. An heißen Tagen erfrischt der eisgekühlte Rosé Oenanth (Arch. Makariou III 25, 4710 Agios Ambrosios).

(15) **Brandy Sour** Das alkoholische Nationalgetränk der Insel wird aus Brandy, Lemon Squash und Soda gemixt. Schlürfen Sie den Cocktail im Ousia in Limassol › S. 69.

(16) **Süßes & mehr** Ob mit Kürbis und Rosinen süß oder mit Spinat und Käse herzhaft gefüllte Teigtaschen, Zyperns Bäcker backen leckere Snacks. Sehr zu empfehlen ist

Halloumi-Käse aß man schon in der Antike

auch das mit Koriander gewürzte Olivenbrot z. B. von der Bäckerei Kapitanis › **S. 63** in Larnaka.

(17) **Frische Orangen** Der Genuss einer frischen, am Baum ausgereiften Orange ist unvergesslich. Samstagsvormittags verkaufen die Erzeuger ihre Früchte auf dem Markt z. B. in Güzelyurt › **S. 129**.

(18) **Halloumi** Zyperns Schafs- und Ziegenkäsespezialität bleibt auch erhitzt in Form und eignet sich deshalb gut zum Grillen und Braten. Ein echter Halloumi, wie z. B. der der Marke Alambra aus dem Supermarktregal, quietscht beim Reinbeißen und Kauen an den Zähnen.

(19) **Mastix** Schon die alten Römer wussten das getrocknete, zuckersüße Harz des Mastixstrauchs als Kaugummi zu nutzen. Mastix-Kaugummi der Marke Elma bekommen Sie im Supermarkt.

(20) **Innereien** *Kefalaki,* Lammkopf, oder *kokoretsi,* Lamminnereien, gel-

ten auf Zypern als Delikatesse. Lecker gegrillt serviert sie das Restaurant Militzis in Larnaka › **S. 63**.

… bestaunen sollten

(21) **Irrtum** Betrachten Sie in Paphos › **S. 83** das Mosaik mit dem Liebespaar Pyramos und Thisbe genauer. Pyramos ist nicht als Jüngling, sondern als Flussgott liegend mit einer Krone aus Seegras und einem Füllhorn dargestellt. In Ovids Geschichte ist er wie Thisbe eigentlich ein Mensch.

(22) **Antiker Schick** Neben schönen geometrischen Motiven zeigen die Bodenmosaiken der Basilika Agias Trias in Yenierenköy › **S. 142** auch zwei Paar Pilgersandalen – ganz im Stil modischer Flip-Flops.

(23) **Schöne Körper** Nein, nicht am Strand, sondern im Nationalmuseum von Nikosia › **S. 110**. Neben der Statue der Aphrodite von Soli beeindruckt der lebensgroße bronzene Muskelmann Septimus Severus, seines Zeichens römischer Kaiser.

(24) **Votivgaben** Die Gläubigen erhoffen sich die Heilung einer Krankheit oder die Erfüllung eines Kinderwunsches. Dafür kaufen sie samstags vor der Kirche Agios Georgios › **S. 87** Miniaturgliedmaßen und -babys aus Wachs.

(25) **Symbiose der Religionen** Die Kathedrale von Famagusta › **S. 134**

ist schon lange eine Moschee. Die hochgotische Westfassade mit dem angebauten Minarett fotografiert man am besten von der Stadtmauer am Landtor aus.

26 Burgblick Fantastisch ist der Küstenblick von Zyperns schönster Ritterburg St. Hilarion › S. 128. Die beste Zeit für ein Foto ist der frühe Morgen, wenn die Sonne für Fotografen noch günstig steht.

27 Edles Geschmeide Das unscheinbare Museum von Güzelyurt › S. 130 birgt Schätze. Das goldene Diadem in Gestalt einer Weinranke mit Blättern und Trauben schmückte einst das Haupt einer Dame aus Soli.

28 Heilige Biblische Gestalten mit ausdrucksstarken Gesichtern schmücken die Scheunenkirche Panagia tou Araka › S. 105. Achten Sie auf den Asketen auf der Säule und den traurigen, ja verbitterten Weltenherrscher in der Kuppel.

29 Glasklares Meer Immer wieder in Erstaunen versetzt das transparente intensive Türkisblau der Meeresbuchten rund um die Akamas-Halbinsel › S. 89. Der Name der Blue Lagoon nördlich der Bäder der Aphrodite hält, was er verspricht.

30 Weitsicht Von der Restaurantterrasse des Hotels Bellapais Monastery Village [A4] (www.bellapais monasteryvillage.com) schweift der Blick über die Küste, das Meer und an manchen Tagen bis zum Taurusgebirge in der fernen Türkei.

… mit nach Hause nehmen sollten

31 Süßes vom Löffel *Glyko tou koutaliou* sind in Zucker eingekochte Früchte, die so süß sind, dass man sie dem Gast nur löffelweise anbietet. Die Firma Katerina Sweets [C5] in Doros (an der B8 zwischen Limassol und Platres, www.katerina sweets.com) ist bekannt für diese Spezialität, aber auch für Marzipan und köstliche Marmeladen.

32 Olivenöl Feines biologisches Olivenöl wird in der Ölmühle Oleastro › S. 75 bei Anogyra kalt gepresst. Im Winter kann man beim Pressvorgang zuschauen, das ganze Jahr über kann man das Öl kaufen.

33 Lefkara-Spitze Hohlsaumstickereien zieren Kissen, Tischdecken (um 300 €) und inzwischen auch Kleidung. Im D. & A. Lefkara Handicraft Center › S. 42 kann man die Spitzen kaufen und den Stickerinnen bei der Arbeit zuschauen.

34 Blumenbilder Die Seidenraupenkokons kommen längst aus China und Indien, doch die Kunst, sie zu Bildern zu verarbeiten, wird noch gepflegt. Gutes Angebot finden Sie bei den Händlern in Nikosias Büyük Han › S. 115.

35 Karob Johannisbrotsirup eignet sich zum Süßen oder Backen, Johannisbrotkernmehl als Bindemittel. Zu kaufen auf Bauernmärkten oder im Showroom von Mavros Chrysos in Anogyra › S. 74.

36 Badeschwamm Schwämme, vom Grund des Mittelmeers rund um Zypern geerntet, verkauft das Sea Sponges Centre am alten Hafen von Limassol › **S. 70**. Naturbelassen eignen sie sich ausgezeichnet für die Hautpflege (www.apacy.com).

37 Phyti-Webarbeiten Nur noch wenige Frauen weben von Hand die traditionellen Phytiotika mit ihren farbenfrohen geometrischen Mustern. Kaufen können Sie die raren Schals, Tücher und Teppiche aus Baumwolle im Cyprus Handicraft Centre › **S. 43** in Nikosia (je nach Qualität 30–300 €).

38 Korbwaren Für den Heimweg per Flugzeug gut geeignet sind geflochtene Teller, Schalen und Kleinkörbe, die in den Koffer passen. Korbflechtereien finden Sie etwa im

Bunte Körbe sind schöne Mitbringsel

Zentrum von Geroskipoú › **S. 93** oder, sehr fotogen, in Edremit an der Straße nach Karaman [E3].

39 Ikonen Handgemalte Bilder von Heiligen und biblischen Gestalten, die man im Laden des Klosters Agios Minas in Lefkara › **S. 65** bekommt, sind ganz unabhängig von ihrer religiösen Bedeutung künstlerisch wertvoll (150–3000 €).

40 Sonnenuntergang am Kap Drepano › **S. 87** Auf ein Foto gebannt ist der glutrote Feuerball, wie er hinter dem Inselchen Geronissos im Meer versinkt, eine wunderschöne Urlaubserinnerung.

… bleiben lassen sollten

41 Türkischen und griechischen Kaffee verwechseln Zwar sind Zutaten und Zubereitung von griechischem *(ellinikós kafés)* und türkischem Kaffee *(turk kahvesi)* völlig gleich, doch mögen griechische wie türkische Zyprer es nicht, wenn ihr Mokka der anderen Volksgruppe zugesprochen wird.

42 Ein ›Cabaret‹ besuchen Ein ›Cabaret‹ ist auf Zypern weder Varieté- noch Kleinkunsttheater, sondern ein Bordell, in dem gewöhnlich Zwangsprostituierte ausgebeutet werden.

43 Falsches Outfit Kirchen, Klöster und Moscheen sollten Sie nur mit bedeckten Schultern und Knien

Am Fig Tree Bay bei Protaras ist wie in ganz Zypern Nacktbaden verboten

betreten. Am Eingang von Moscheen zieht man die Schuhe aus, für Frauen empfiehlt sich zudem ein Kopftuch.

(44) Die kalte Schulter zeigen In Kirchen kehrt man der Hauptaltarwand nicht den Rücken zu – ein echtes Tabu!

(45) Von der anderen Seite schwärmen Viele Zyperngriechen wünschen einen Boykott des in ihren Augen von Türken besetzten Nordens. Bereist man ihn, sollte man lieber darüber schweigen.

(46) Gastgeschenk vergessen Üblich sind Süßigkeiten oder Kleingebäck als Gastgeschenk. Bitte keine weißen Lilien mitbringen, denn die gibt's bei Beerdigungen.

(47) Getrennt bezahlen Das schickt sich nicht. Aussichtslos wäre es auch,

in einem Lokal für zyprische Tischgenossen die Zeche begleichen zu wollen. Im dann unausweichlichen Streit werden Sie gewiss als Erste klein beigeben.

(48) Oben ohne In Nordzypern ist an öffentlichen Stränden das Ablegen des Bikini-Oberteils strafbar. FKK ist auf ganz Zypern verboten.

(49) Gelege zerstören Um die am Strand im trockenen Sand vergrabenen Eier von Meeresschildkröten zu schonen, sollten Sie dort in den Sommermonaten nicht buddeln und keine Sonnenschirme in den Boden rammen.

(50) Die Grüne Linie fotografieren Das Fotografieren und Filmen von Soldaten und militärischen Anlagen, also auch der Demarkationslinie zwischen beiden Landesteilen, ist streng untersagt.

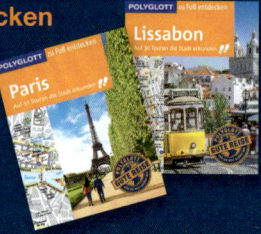

Was steckt dahinter?

Die kleinen Geheimnisse sind oftmals die spannendsten. Wir erzählen die Geschichten hinter den Kulissen und lüften für Sie den Vorhang.

Warum haben die Statuen von Salamis keinen Kopf?

Bei von römischen Bildhauern geschaffenen Statuen waren Kopf und Körper getrennte Werkstücke. Das hatte viele Vorteile. Fiel die geehrte Person in Ungnade oder dem Vergessen anheim, musste man nicht die ganze Statue entsorgen, sondern wechselte einfach den Kopf aus. Damit waren die Köpfe aber in späteren Zeiten auch eine leicht abzutransportierende Beute für Antikensammler und Bauern, die Material für Ihre Kalköfen suchten.

Warum ist der einstige Badeort Varosha eine Geisterstadt?

Mit seinen über 80 Hotels war der Badeort Varosha einst Inbegriff des Zypern-Tourismus, seit 1974 ist er eine Geisterstadt. Varosha grenzt unmittelbar an die Demarkationslinie und wird vom türkisch-zyprischen Militär kontrolliert. Aus Furcht vor langwierigen Häuserkämpfen in dem rein griechischen Ort hatten die türkischen Invasoren ursprünglich nicht an eine Besetzung gedacht und waren erst nach dem Waffenstillstand in das von den Bewohnern verlassene Quartier eingedrungen. Um ein Faustpfand für zukünftige Verhandlungen zu haben, durften sich in Varosha – anders als in andern Orten des Nordens – keine vertriebenen türkisch-zyprischen Zivilisten ansiedeln. Die verfallenden Strandhotels sind zum Symbol der Teilung des Landes geworden.

Wo wurde Zyperns Nationalgetränk Brandy Sour erfunden?

In den 1930er-Jahren urlaubte der junge ägyptische König Faruk regelmäßig im Hotel Forest Park in Platres. Faruk war, obgleich Moslem, dem Alkohol zugetan. Speziell für den König kreierte der Barmann des Hotels das Mixgetränk, das optisch aussah wie ein Eistee. Es war beabsichtigt, dass die anderen Gäste den noch unbekannten Longdrink Brandy Sour, den der König schlürfte, für einen Tee halten sollten. Doch schon bald kamen auch die anderen Feriengäste auf den Geschmack.

Was ist das Geheimnis des Klosters Kykko?

Das wichtigste Kultobjekt von Kykko, eine der Überlieferung nach vom Evangelisten Lukas gemalte Ikone der Gottesmutter, erhielt das Kloster um 1100 vom byzantinischen Kaiser Alexis Komnenos. Seit 1795 verhüllt ein Silberbeschlag das Gnadenbild. Niemand hat die Originalikone seither zu Gesicht bekommen. Sie ist angeblich zu heilig, als dass menschliche Augen den Anblick ertragen könnten.

Viele orthodoxe Kirchen sind von außen unscheinbar, haben aber bunt ausgemalte Innenräume

REISE-PLANUNG & ADRESSEN

Die Reiseregion im Überblick

Zypern ist klein genug, dass man nahezu die gesamte Insel von einem Standquartier aus mit Tagesausflügen erkunden kann. Mit dem EU-Beitritt ist auch die Grenze zwischen dem türkischen und dem griechischen Landesteil durchlässiger geworden.

Der Badetourismus konzentriert sich auf den **Süden** der Insel. Ganz im Osten, um das Kap Gkreko, gibt es in Protaras, Pernera und Agia Napa die schönsten Sandstrände. Agia Napa hat zudem auch einen Namen als Partymetropole. Larnaka eignet sich gut für jene, die ihren Badeurlaub auch mit Abstechern zu den kulturellen Highlights der Insel verbinden wollen. In Einkaufsstraßen, Discos und Pubs vonLimassol, so heißt es, werde das andernorts verdiente Geld schnell wieder ausgegeben. Der **Westen** hat sich vom einstigen Armenhaus der Insel zu einer abwechslungsreichen Feriendestination gemausert. Die Küstenlinie ist hier von Natur aus felsig. Paphos macht diesen Nachteil mit einer breiten Palette an archäologischen Sehenswürdigkeiten wett, allen voran mit seinen antiken Bodenmosaiken. Das bei Individualreisenden beliebte Polis hat sich dörflichen Charme bewahrt. Hier wie dort lädt das hügelige Hinterland zu Wanderungen und Ausflügen ein.

Im **Inland** lockt das Troodos-Gebirge mit seinen ausgedehnten Wäldern und den von der UNESCO 1985 zum Weltkulturerbe erklärten Scheunenkirchen. Kein Zypernbesucher sollte sich den Abstecher in die von einem mächtigen Wall umgürtete Altstadt von Nikosia entgehen lassen. Die »Grüne Linie« trennt Europas letzte geteilte Hauptstadt in einen griechischen und einen türkischen Sektor. Die »Türkische Republik **Nordzypern**« wird als eigener Staat nur von der Türkei anerkannt. Auch wenn im Norden,

---

Daran gedacht?

Einfach abhaken und entspannt abreisen

- [ ] Reisepass / Personalausweis (auch für jedes Kind)
- [ ] Flug- / Bahntickets
- [ ] Führerschein (Leihwagen)
- [ ] Sitter für Pflanzen und Tiere organisiert
- [ ] Zeitungsabo umleiten / abbestellen
- [ ] Postvertretung organisiert
- [ ] Hauptwasserhahn abdrehen
- [ ] Fenster zumachen
- [ ] Nicht den AB besprechen »Wir sind für zwei Wochen nicht da«
- [ ] Kreditkarte einstecken
- [ ] Medikamente einpacken
- [ ] Ladegeräte
- [ ] Adapter für englische Steckdosen einstecken

genährt von der Hoffnung auf Wiedervereinigung, in den letzten Jahren viel gebaut wurde, ist dies immer noch der ursprünglichere Teil der Insel. Naturfreunde kommen im Beşparmak-Gebirge und auf der Karpaz-Halbinsel auf ihre Kosten. Wer es lebhaft mag, wählt Girne als Urlaubsort.

Klima & Reisezeit

Das Mittelmeerklima beschert Zypern milde, feuchte Winter und warme, trockene Sommer. Nur im Troodos-Gebirge ist es auch im Sommer angenehm kühl. Dort erlaubt der im Dezember einsetzende Schneefall sogar bescheidenen Skibetrieb.

Im Frühling zeigt sich das sonst dürre und vertrocknete Land von seiner blühenden Seite. Idealer Reisemonat für die Küste ist der April. Bei Tag-Nacht-Temperaturschwankungen von 15 °C im Durchschnitt sollte man sowohl sommerliche Baumwollkleidung als auch Pullover und Regenschutz mitbringen.

Im Sommer wissen Wanderer die Berge zu schätzen. Auch zyprische Familien reisen während der Sommerferien (Mitte Juni bis Ende August) gern ins Gebirge. Durch die am späten Vormittag einsetzenden Winde ist die Hitze auch an der Küste einigermaßen erträglich. Als unangenehm drückend heiß wird das Sommerklima der Mesaoria-Ebene empfunden.

Der trockene Sommer dauert bis in den Oktober oder gar November und geht ziemlich abrupt in die winterliche Regenzeit über. Restaurants und die meisten Hotels schließen. Obwohl die Winter, an europäischen Verhältnissen gemessen, noch warm sind, ist die Luft oft klamm und feucht. Dies sollte bedenken, wer auf Zypern überwintern will.

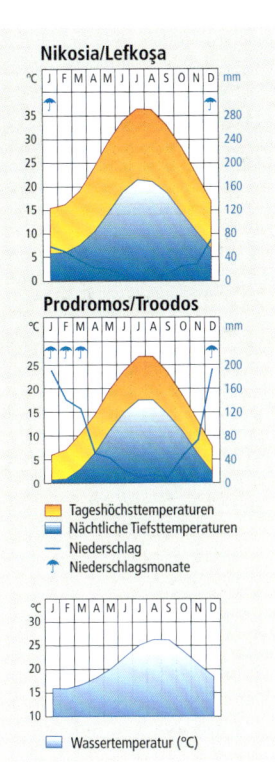

Anreise

Gesellschaften wie Lufthansa, Swiss und Austrian Airlines fliegen auf Zypern in erster Linie den Flughafen Larnaka an, landen in der Feriensaison aber auch auf dem Airport von Paphos.

Die Preise beginnen je nach Saison und Konditionen bei etwa 250 €. Auch die Billiganbieter Ryanair und Easyjet haben Zypern im Programm.

Auch Reisen nach Nordzypern gehen oft über den Flughafen Larnaka. Für Individualtouristen organisieren die Hotels auf Anfrage den Transfer in den Norden. Wegen des internationalen Boykotts wird der im türkischen Landesteil gelegene Airport Ercan, 25 km östlich von Lefkoşa (Nikosia), nur von Turkish Airlines und anderen türkischen Fluggesellschaften angeflogen. Üblich ist ein Zwischenstopp in Istanbul oder Antalya.

Von Silifke-Taşucu auf dem türkischen Festland legen Fährschiffe nach Girne ab. Von Mersin besteht eine zuverlässige Verbindung nach Famagusta. Frachtschiffreisen von Italien nach Limassol bietet die Reederei Grimaldi (über www.grimaldi-freighter-cruises.com). Minikreuzfahrten führen von Limassol nach Israel, Ägypten und in den Libanon.

Wer während der islamischen Feiertage »Zuckerfest« und »Opferfest« nach Nordzypern oder während des orthodoxen Osterfests in den Süden zu reisen beabsichtigt, sollte Flug und Hotelzimmer frühzeitig buchen. An offiziellen Feiertagen verkehren in Südzypern keine Überlandbusse und Servicetaxis.

Reisen im Land

Mit öffentlichen Verkehrsmitteln

Das **Linienbusnetz** wurde in den letzten Jahren stark ausgebaut, sodass man in Südzypern außer den großen Städten nun auch die Dörfer erreichen kann. Sonntags fahren nur wenige Busse. Fahrpläne in englischer Sprache findet man unter www.cyprusbybus.com.

In Nordzypern gibt es auch die türkische Variante des **Sammeltaxis**, das *Dolmuş*. Die v. a. zwischen Lefkoşa (Nikosia) und Girne (Keryneia) und entlang der Nordküste eingesetzten *Dolmuşlar* (»die Gefüllten«), starten, wenn alle Plätze besetzt sind. Eine Besonderheit in ganz Zypern sind die **Servicetaxis**. Fahrgäste werden auf telefonische oder persönliche Bestellung hin abgeholt und im Zielort zur gewünschten Adresse gebracht (Fahrtkosten im Süden bis 30 €, im Norden bis 10 € pro Person). Die schweren Mercedes-Limousinen oder Kleinbusse pendeln nur zwischen den großen Städten, einige Linien werden auch sonntags gefahren.

Mit dem Mietwagen

Autoverleiher sind in allen Touristenzentren vertreten. Für einen Kleinwagen muss man bei unbegrenzten Kilometern und einschließlich Kaskoversicherung in der Hochsaison mindestens 20 € pro Tag veranschlagen. Platte Reifen, zerborstene Scheiben und Schäden an der Ölwanne sind von den meisten Versicherungen ausgenommen. Fahrer oder Fahrerin müssen mindestens 21 Jahre alt

Im Norden Zyperns mit dem Bus unterwegs

sein. Wer jedoch älter als 70 Jahre ist, der bekommt nur noch mit Schwierigkeiten einen Leihwagen. Ein internationaler Führerschein wird nicht verlangt.

Mit einem in Nordzypern zugelassenen Mietwagen wird die Einreise in den griechischen Landesteil generell nicht gestattet. Umgekehrt verbieten auch die meisten Verleiher des Südens im Kleingedruckten, mit ihren Autos ins türkische Zypern zu fahren. Ausnahmen machen hier Cyprus Car Hire (www.cyprus-car.com) und Petsas (www.petsas.com.cy).

Mit dem eigenen Wagen

In einem EU-Land oder der Schweiz zugelassene Fahrzeuge dürfen ohne Weiteres im griechischen Landesteil gefahren werden. Bei der Einreise nach Nordzypern muss jedoch eine besondere Haftpflichtversicherung abgeschlossen werden – dies gilt auch für Mietautos aus dem Süden. Beachten Sie, dass die Deckungssumme der verschiedenen angebotenen Versicherungen bei Sachschäden auf höchstens 50 000 TRY begrenzt ist.

Besonderheiten und Tempolimits

Autofahrer müssen sich auf Zypern auf Linksverkehr einstellen. Dass dabei an gleichberechtigten Kreuzungen dennoch der von rechts Kommende Vorfahrt hat, empfinden viele Ausländer verständlicherweise als verwirrend. Die Promille-Grenze liegt generell bei 0,5. Es herrscht Gurtpflicht.

Die zulässige Höchstgeschwindigkeit beträgt auf allen Autobahnen 100 km/h. Auf Landstraßen sind 80 km/h erlaubt. Sofern es nicht anders ausgeschildert ist, gilt in Ortschaften eine maximale Geschwindigkeit von 50 km/h. Mit regelmäßigen Radarkontrollen ist insbesondere auf der Autobahn Limassol–Nikosia und in Nordzypern zu rechnen.

Sport & Aktivitäten

Wanderungen, Radtouren, Reitausflüge – bei einem Zypernurlaub kann man ordentlich ins Schwitzen kommen. Gut, dass das Meer nie weit ist und schönste Gelegenheiten zum Schwimmen und Schnorcheln bietet.

Wassersport

Als Insel lädt Zypern vor allem zum Baden ein. Während die Sandstrände im Süden – besonders um Agia Napa sowie im Einzugsbereich von Larnaka und Limassol – in der Sommersaison recht voll sein können, findet man im Westen und im türkischen Landesteil noch einige ursprünglichere Badeplätze. Wracks und Relikte früher Seefahrt warten auf ihre Entdeckung durch Taucher › Special S. 29.

Zum Surfen und Segeln ist Zypern im Sommer ein gutes Anfängerrevier. Am späten Vormittag kommt an der Südküste ein recht verlässlicher auflandiger Wind auf, der bis etwa 17 Uhr anhält. An den Hotelstränden werden Surfboards und Dinghis vermietet. Für Fortgeschrittene ist das Meer allerdings zu brav. Wer mit eigener Jacht anreist, findet in Limassol, Larnaka, Paphos, Girne und auf der Halbinsel Karpaz Häfen mit allen Services.

Reiten

Ältere Zyprer erinnern sich noch gut an die Zeit, da man mit Esel und Maultier unterwegs war. Die Freizeitreiterei war ein Privileg der britischen Offiziere. Vielleicht ist das der Grund dafür, dass sich Reiten bislang nicht zum Volkssport entwickelte. Es gibt Mietställe in Girne (Çatalköy Riding, www.catalkoy ridingclub.com), Kourion (Curium Equestrian Center, Tel. 9976 7218), Kalavasos (Drapia Farm, Tel. 9943 7188), Protaras (Moonshine Ranch, Tel. 9960 5042), Lysos (Ride in Cyprus, www.rideincyprus.com) und Paphos (George's Ranch, www. georgesranchcyprus.com).

Radfahren

Im griechischen Landesteil sind das Hügelland im Westen und der Troodos geeignete Ziele. Auf nicht allzu steilen Nebenstraßen und Forstwegen führt ein markierter und ausgeschilderter Rundkurs um den Olymp. »Zypern Fahrradrouten«, ein Büchlein der Fremdenverkehrszentrale, stellt die besten Routen vor und nennt alle wissenswerten Details wie Schwierigkeitsgrad und Straßenzustand.

Auf Zypern sind geländetaugliche Räder bisher knapp und werden bevorzugt an Gäste abgegeben, die Fahrradurlaub als Komplettpaket gebucht haben. Wer keine organisierte Radreise bucht, bringt besser sein eigenes Fahrrad mit. Ein leichtes, berggängiges Tourenrad mit nicht zu schmalen Reifen ist für Allrounder genau richtig. Die meisten Fluglinien transportieren es gegen Aufpreis. Komplettpakete findet man z. B. bei:

Mit Kindern unterwegs

Zypern ist ein kinderfreundliches Land. Die Familie ist der Mittelpunkt des sozialen Lebens, und da gehören Kinder einfach dazu. Sie sind ganz selbstverständlich bei Hochzeiten und anderen großen Festen bis spät in die Nacht dabei, und in den meisten Hotels und Restaurants sehr willkommen. Einige Hotels, im Süden mehr als im Norden, bieten Urlaubsgästen im Sommer Kinderbetreuung an. Details erfährt man durch die Kataloge der Reiseveranstalter und über die Internetseiten der Hotels.

Wichtigster Spielplatz ist der Strand. Man kann Burgen bauen, Muscheln suchen und finden, Frisbee spielen oder als schon etwas größeres Kind beim Banana Riding kreischend ins Wasser fallen – Hauptsache der Sonnenschutz stimmt, denn gerade Kinder trifft im Überschwang schnell der Sonnenbrand.

Kindgerechte Ausflugsziele sind:
- **Camel Park** [F5]
  Hier gibt es Ausritte in der Kamelkarawane, eine Arche Noah mit allerlei Tieren, die gefüttert werden wollen, einen großen Spielplatz mit Hüpfburg, ein Restaurant und Bademöglichkeit im Pool oder im Meer.
  Mazotos | www.camel-park.com
  tgl. ab 9 Uhr
- **Waterworld** [H4]
  Zyperns größtes Spaßbad mit Riesenrutschen hat seinen Preis: Erwachsene zahlen 38 €, Kinder bis 12 Jahre 24 €.
  Agia Napa
  www.waterworldwaterpark.com
  Ostern bis Okt. tgl. 10–18 Uhr
- **Paphos Zoo** [A5]
  Neben Tiger, Giraffe & Co leben in Zyperns größtem Tierpark vor allem Vögel aus aller Welt. Höhepunkt ist eine Show, auf der Papageien zeigen, wie gescheit sie sind.
  Agios Georgios (bei Paphos)
  www.pafoszoo.com | tgl. 9–18 Uhr

An der Nissi Bay bei Agia Napa kommen die Pelikane sogar auf den Strand **27**

Thomas Wegmüller
- Tel. 00357 2563 4093
  www.bikecyprus.ch

Zypern Bike
- Tel. 060 939 7370
  www.zypernbike.de

Wandern

Die schönsten Wandergebiete sind die Halbinseln Akamas und Karpaz sowie das Troodos- und das Beşparmak-Gebirge. Auf dem Kamm des Beşparmak wurden um die Forststation Alevkaya Rundwege angelegt, die aus dem schattigen Wald heraus immer wieder prächtige Panoramablicke auf die Küste und die in der Sommerhitze flimmernde Mesaoria-Ebene gewährt. Im Süden, etwa auf Akamas oder um den Olymp, wurden Naturlehrpfade angelegt und markiert. Quer durch die Insel führt der Fernwanderweg E 4. Es gibt aber noch nicht an allen seinen Etappenorten Unterkünfte. Beste Wanderzeit sind Frühjahr und Herbst, doch in Höhenlagen ist auch die Sommerhitze erträglich.

Das Terrain auf Zypern ist nicht weiter schwierig, doch braucht man wegen des steinigen Bodens unbedingt knöchelhohe Wanderschuhe und lange Hosen gegen das Dornengestrüpp.

Kreativurlaub

Yoga- und Qi-Gong-Reisen für Anfänger und Fortgeschrittene auf die Akamas-Halbinsel bucht man über Trans Inside Travel. An bereits gereifte Künstler wendet sich das Cyprus Summer Studio. Diese beliebten vierwöchigen Fortbildungsangebote auf Englisch organisiert das Cyprus College of Art (artcyprus.wixsite.com/cypruscollegeofart) in Lempa bei Paphos und in Larnaka.

Trans Inside Travel
- 83512 Wasserburg
  Tel. 08071 2781 | www.tit-travel.de

Wandern auf der Halbinsel Akamas

In Poseidons Reich

Alles in allem eignet sich die Insel weniger für reine Taucherferien als für einen Urlaub, der Tauchgänge oder einen Tauchkurs etwa mit Wanderungen, Besichtigungen und anderen Aktivitäten zu Lande kombiniert.

Mit der Farbenpracht tropischer Atolle oder des Roten Meers kann Zyperns Unterwasserwelt nämlich nicht mithalten. Bunte Fische tummeln sich vor allem in den Prospekten, während sie im Meer infolge der Überfischung eher rar sind. Mit der »Zenobia«, einem samt der Ladung von über 100 Lastkraftwagen gesunkenen Fährschiff, bietet Zypern jedoch einen der interessantesten und beliebtesten Wracktauchplätze des Mittelmeers.

Tauchen für Individualisten

Anders als in Griechenland ist das Tauchen auf Zypern gesetzlich nur wenig reglementiert. Natürlich darf auch hier niemand Amphoren und andere Altertümer aus dem Meer bergen. Außerdem sind Häfen, militärische Sperrzonen und die Stauseen tabu. Die Tauchschulen verlangen beim Verleih von Ausrüstungen einen entsprechenden Qualifikationsnachweis, wenn man sich auf eigene Faust eine Flasche auf den Rücken schnallen und damit ins Wasser steigen will. Ein Anfängerkurs (PADI Open Water) kostet einschließlich Leihgebühr für die Ausrüstung rund 400 €; Fortgeschrittene zahlen für ein Zehnerpack Tauchgänge 350–400 €. Für Notfälle gibt es im Krankenhaus von Larnaka eine Dekompressionskammer.

Zyperns Unterwasserwelt

An Schuppentieren trifft man in den Tauchgründen um die Insel vor allem Brassen, Barben und kleine Barsche, ebenso gibt es Tintenfische und vor allem im Frühsommer sogar Meeresschildkröten. Seit dem

Durchstich des Suezkanals sind auch einzelne Arten bunter Exoten zugewandert, so etwa der Blutlippengrundler oder der Rote Soldatenfisch. Absolutes Muss für erfahrene Taucher ist ein Besuch des vor Larnaka auf Grund liegenden Fährschiffs »Zenobia«. Hierzu schließt man sich am besten einem von den Tauchzentren organisierten Ausflug an.

Tauchzentren

In allen Urlaubsregionen finden sich gut ausgestattete Tauchzentren, die ihren Kunden einen kostenlosen Transfer vom Hotel zur Tauchbasis bieten. Für Paphos spricht das an der Westküste besonders klare Wasser; Limassol kann mit einer fischgeschützten Zone vor der Halbinsel Akrotiri aufwarten; die Orte Agia Napa und Protaras trumpfen mit den Steilwänden und Höhlen am Kap Gkreko auf. **50 Dinge** ⑥ › S. 12.

Mit dem Boot zu tollen Tauchgebieten

Tauchen in Nordzypern und hier besonders auf der Karpaz-Halbinsel ist noch immer ein recht exotisches Vergnügen.

- **Herbie's Diving Paradise** [H4]
  Eine der wenigen Tauchschulen Zyperns, in der vorwiegend Deutsch (statt Englisch) gesprochen wird.
  Protaras | Leoforos Pernera 36,
  Tel. 2381 4292
  www.herbiesdiving.com
- **Werner Lau** [F5]
  Alaminos (Larnaka) | Club Aldiana
  Tel. 2484 9000
  www.wernerlau.com
- **Cydive** [A5]
  Paphos | Poseidonos Av. 1
  Tel. 2693 4271 | www.cydive.com
- **Dive In** [F5]
  Larnaka | Lordos Seagate Block A
  Piale Pascha 24 | Tel. 2462 7469
  www.dive-in.com.cy
- **Amphora Diving** [D/E2]
  Kervansaray Beach (Girne)
  Tel. 0542 851 4924
  www.amphoradiving.com
- **Mephisto Diving** [J1]
  Mephisto Diving bietet als deutsch-englisch-türkisches Joint Venture Tauchabenteuer auf der Karpaz-Halbinsel an.
  Yenierenköy | Karpaz Gate Marina
  Tel. 0533 867 3774
  www.mephisto-diving.com

Info

Ein Heftchen mit Beschreibungen der Tauchplätze und Tauchbasen vertreibt das Berliner **Tauch-Info-Büro Gierschner**, Tel. 030-562 6832, www.gierschner.de. Auch die Tauchbasis Cydive › oben in Paphos hält eine Broschüre mit Taucherinfos bereit.

Unterkunft

Alle Unterkünfte im griechischen Landesteil werden von der Fremdenver-kehrszentrale › S. 152 überwacht, die auf Anfrage ein ausführliches Ver-zeichnis verschickt.

Hotels sind ihrem Komfort entsprechend mit einem bis fünf Sternen ausge-zeichnet. Im griechischen Landesteil gelten für die Übernachtungspreise staatlich festgelegte Obergrenzen, die jedoch nur in Spitzenzeiten verlangt werden. In Nordzypern reist gewöhnlich günstiger, wer direkt mit dem Hotel abrechnet, statt seinen Aufenthalt über ein Reisebüro zu buchen. Be-sonders von November bis kurz vor Ostern (im Gebirge bis Mai) gewähren die meisten Häuser einen deutlichen Preisnachlass.

Das Angebot an **Ferienwohnungen und Apartmenthäusern** reicht vom schmucken Bungalowdorf am Meer über ein renoviertes Bauernhaus bis zur einfachen Wohnung im städtischen Apartmentblock. Einige Häuser betrei-ben allerdings Etikettenschwindel und statten die Küchen der Apartments nur unzureichend aus, um zum Besuch des hauseigenen Restaurants zu mo-tivieren. Die Buchung über einen Reiseveranstalter, der für die ver-sprochene Leistung geradestehen muss, erhöht die Chance auf eine funktionierende Küche.

Im Unterschied zu Griechenland gibt es auf Zypern kaum **Privatzim-mer.** Eine Ausnahme macht hier allerdings Agia Napa, wo die vielen jüngeren Gäste mit in der Regel schmalerem Geldbeutel Privatzim-mer bevorzugen.

Die wenigen **Campingplätze** an der Küste werden auch in der Hoch-saison so gut wie gar nicht genutzt. Zwar ist das Zelten bei den Zyprern populär, doch verbringen sie die Sommerferien lieber im Gebirge mit den kühleren Temperaturen. Hier bieten sich auf dem in einem Pinien-hain gelegenen Campingplatz Troo-dos (Tel. 2542 1624) gute Gelegen-heiten, Kontakte zu einheimischen Urlaubern zu knüpfen.

! Erst-klassig

Charmant übernachten

- **Natura Beach**: ein umwelt-bewusstes Familienhotel direkt am Strand von Crysochous im Inselwesten. Ideal für Kinder. › **S. 89**
- **Anassa**: Luxushotel mit atem-beraubenden Meerblick und tollen Wellnessmöglichkeiten in exklusiver Abgeschiedenheit im Inselnorden. › **S. 90**
- **White Pearl**: kleines Stadthotel am Hafen von Girne. › **S. 126**
- Im **Glaro Garden** auf der Karpaz-Halbinsel übernachtet man auf einem früheren Gutshof nur wenige Fahrrad-minuten vom Meer entfernt. › **S. 142**

Im Frühling zeigt sich das Troodos-Gebirge von seiner grünsten Seite

LAND & LEUTE

Steckbrief

- **Fläche:** 9251 km², davon 3450 km² unter türkischer Verwaltung und 257 km² souveräne britische Militärbasen.
- **Küstenlänge:** 780 km
- **Höchster Punkt:** im griechischen Teil der Olymp (1951 m), im türkischen Teil die Selvili (1023m)
- **Hauptstadt:** Nikosia
- **Einwohner:** griechischer Teil 850 000 (155 Einw./km²), türkischer Teil 300 000 (88 Einw./km²)
- **Größte Städte:** im griechischen Teil Süd-Nikosia (250 000 Einw.), Limassol (180 000 Einw.); im türkischen Teil Nord-Nikosia (60 000 Einw.)
- **Bruttoinlandsprodukt:** im griechischen Teil 25 000 € pro Kopf, im türkischen Teil 13 500 € pro Kopf
- **Zahl der Urlauber:** im griechischen Teil 3,2 Mio. pro Jahr (50 % Briten),

im türkischen Teil 1 Mio pro Jahr (davon 60–70 % Türken vom Festland)
- **Landesvorwahl:** Republik Zypern 00357; Türkische Republik Nordzypern 0090 392
- **Währung:** im griechischen Teil Euro, im türkischen Teil Türkische Lira (TRY)
- **Zeitzone:** MEZ + 1 Std., im Sommer MESZ + 1 Std

Lage

Die Zyprer fühlen sich zwar als Europäer, geografisch gehört die Insel in der Ostecke des Mittelmeers aber zu Asien. Zum türkischen Festland sind es 65 km, nach Syrien 95 km, nach Ägypten 360 km. Als nach Sardinien und Sizilien drittgrößte Mittelmeerinsel ist Zypern etwa doppelt so groß wie das Ruhrgebiet. Die größte Ost-West-Ausdehnung beträgt 225 km, in Nord-Süd-Richtung misst Zypern 95 km.

Politik und Verwaltung

Obwohl Zypern seit 1974 in einen griechischen und einen türkischen Machtbereich geteilt ist, besteht nach dem internationalen Recht und dem Selbstverständnis der griechischen Zyprer die Republik Zypern weiterhin ungeteilt fort. Die nur von den Zyperngriechen gebildete Regierung, das Parlament, der mit weitreichenden Vollmachten ausgestattete Präsident und die Verwaltung des Südens verstehen sich als Vertretung auch der türkischen Zyprer.

Die »Türkische Republik Nordzypern«, der Pseudostaat, wie er im Süden verächtlich genannt wird, ist dagegen auf internationalem Parkett allein von der Türkei anerkannt. Seit 1964 wachen Blauhelm-Soldaten entlang der »Green Line«

zwischen der türkischen und der griechischen Zone.

Ein 2004 unter UN-Führung ausgehandelter Friedensplan fand die Zustimmung der türkischen Zyprer, wurde vom Süden aber per Volksabstimmung deutlich abgelehnt. Damit bleiben dem Norden neben der Wiedervereinigung auch die Vorteile der EU-Mitgliedschaft verwehrt. Auch die 2014 erneut aufgenommenen Verhandlungen für die Lösung des Konflikts scheiterten an der unversöhnlichen Haltung beider Seiten.

Wirtschaft

Von einem rückständigen Agrarland hat sich Zypern in den letzten 50 Jahren in ein modernes Dienstleistungszentrum verwandelt, dessen Lebensstandard längst höher ist als der in Griechenland. Eine bedeutende Rolle spielt der Tourismus. Darüber hinaus ist Zypern im Bereich Finanzdienstleistungen – vor allem aufgrund seiner Steuergesetzgebung – ein interessanter Standort. Die engen Verflechtungen mit Griechenland zogen Zypern in den Strudel der Griechenlandkrise, sodass man auch hier nun mit Arbeitslosigkeit und wachsender Staatsverschuldung zu kämpfen hat. Wirtschaftswunder und Schuldenkrise betreffen jedoch nur den Südteil der Insel. Die Türken spielten schon vor der Teilung eine geringe Rolle im Wirtschaftsleben. Heute lebt der Norden von den Hilfsgeldern der Türkei, mit denen u. a. die Gehälter des aufgeblähten Staatsapparats bezahlt werden. Auch die vielen ausländischen Studierenden bringen Geld ins Land. Große Hoffnungen ruhen auf dem Tourismus: Die Öffnung der innerzyprischen Grenze ließ die Besucherzahlen ansteigen. Genutzt wird die Reisefreiheit vorwiegend von Ausflüglern und Individualtouristen.

Den Durchbruch kann Nordzypern erst erzielen, wenn das internationale Embargo aufgehoben wird und es Direktflüge aus Europa in den Inselnorden gibt. Beim Ausbau der touristischen Infrastruktur ist man auf Fördergelder angewiesen. Hilfs- und handelspolitische Maßnahmen der EU blockiert die Republik Zypern regelmäßig, als Mitgliedstaat besitzt sie ein Vetorecht. Um Akrotiri und Dekeleia an der Südküste von Zypern gehören 257 km² der Inselfläche völkerrechtlich noch immer zu Großbritannien.

Touristen am Strand von Larnaka

Geschichte im Überblick

9000–7000 v. Chr. Am Kap Gata getätigte Funde belegen, dass bereits in der Mittelsteinzeit Jäger und Sammler Zypern besiedelten.

7000–3800 v. Chr. In der Jungsteinzeit kommen die ersten Ackerbauern auf die Insel.

3800–2500 v. Chr. In der Kupfersteinzeit werden die ersten Werkzeuge, Jagdwaffen und Schmuckstücke aus Metall gefertigt.

2500–1600 v. Chr. Mit der Bronzeverarbeitung vertraute Einwanderer aus Anatolien lassen sich auf Zypern nieder. Städte wie Enkomi und Lapithos treiben regen Handel mit Syrien, Ägypten und Kleinasien. Metallene Pflugscharen kommen in Gebrauch, auch ein Stierkult entwickelt sich.

1600–1050 v. Chr. Über Handelskontakte kommt Zypern unter den Einfluss mykenischer Kultur. Mit gewaltigen Zyklopenmauern versuchen die Städte, sich vor den »Seevölkern« zu schützen.

1050–500 v. Chr. In der kyproarchaischen Epoche entstehen von griechischen Vorbildern geprägte Stadtkönigreiche. Von ihrem Stützpunkt Kition aus gewinnen die Phönizier das Monopol über den Außenhandel. Um die politische Oberhoheit streiten die Großmächte Persien, Assyrien und Ägypten.

500–331 v. Chr. Die klassische Epoche ist vom Kampf gegen die persische Herrschaft bestimmt. Doch selbst König Evagoras, der die zyprischen Kleinreiche unter der Vorherrschaft von Salamis eint, kann das persische Joch nicht abschütteln.

331–58 v. Chr. Zu Beginn der hellenistischen Zeit feiern die zyprischen Fürsten Alexander den Großen als Befreier. Nach seinem Tod fällt die Insel an die in Ägypten herrschenden Ptolemäer.

58 v. Chr. Zypern wird römisch.

45/46 n. Chr. Die Apostel Paulus und Barnabas bekehren in Paphos den römischen Prokonsul Sergius Paulus.

332/342 Erdbeben und Hungerkatastrophen verwüsten die Insel. Salamis wird unter dem Namen »Constantia« wiederaufgebaut.

395 Mit der Teilung des Römischen Reiches fällt Zypern an Ostrom (Byzanz). Constantia wird Provinzhauptstadt.

488 Kaiser Zeno bestätigt die Unabhängigkeit (»Autokephalie«) der zyprischen Kirche.

649–964 Zypern hat unter Einfällen der Araber zu leiden. Die Menschen ziehen sich von der Küste ins Landesinnere zurück.

1191 Auf dem Weg ins Heilige Land erobert Richard Löwenherz Zypern und verkauft es an den Templerorden.

1192–1489 Zypern ist fränkisches Königreich unter der Herrschaft der Lusignan-Dynastie. Der Katholizismus wird zur Staatsreligion.

1489 Caterina Cornaro, Witwe des letzten Lusignan-Königs, vermacht Zypern ihrer Heimatstadt Venedig.

Makarios III. war erster Präsident der Republik Zypern

1571 Türkische Truppen unter Mustafa Pascha besetzen Zypern, das Teil des Osmanischen Reiches wird.

1878 Die Türken verpachten die Insel an Großbritannien, das Zypern 1914 annektiert.

1950 Bei einem von der orthodoxen Kirche organisierten Referendum stimmen 96 % der griechischen Zyprer für den Anschluss an Griechenland (Enosis).

1955 Die Untergrundgruppe EOKA eröffnet mit Anschlägen gegen britische Einrichtungen den bewaffneten Kampf für die Enosis.

1960 Zypern wird eine eigenständige, unabhängige Republik, Erzbischof Makarios III. ihr erster Präsident.

1963 Erste bewaffnete Auseinandersetzungen zwischen den beiden Volksgruppen.

1964 Die UNO entsendet eine erste Friedenstruppe zur Schlichtung des Bürgerkriegs.

1974 Nach einem Putsch gegen Makarios und dem folgendem Bürgerkrieg besetzen türkische Truppen den Nordteil.

1983 Die türkischen Zyprer proklamieren die »Türkische Republik Nordzypern«, die nur von der Türkei anerkannt wird.

2003 Die Grenze zwischen beiden Landesteilen wird geöffnet.

2004 Nordzypern spricht sich erstmals für eine Wiedervereinigung aus. Der Friedensplan von UN-Generalsekretär Kofi Annan wird jedoch vom Süden verworfen. Am 1. Mai 2004 wird die Republik Zypern Mitglied der EU.

2012 Südzypern und die Türkei streiten um die Ausbeutung eines unter dem Meeresboden entdeckten Erdgasfeldes.

2013 Das Steuerparadies Zypern steht vor dem Bankrott und braucht Hilfe der EU.

2014 Der Europäische Gerichtshof verurteilt die Türkei zur Zahlung von Schmerzensgeld an die Opfer der türkischen Invasion von 1974.

2016 Zypern ist auf den Finanzmärkten wieder kreditwürdig.

2017 Einmal mehr scheitern Verhandlungen um eine Wiedervereinigung. Paphos ist Kulturhauptstadt Europas.

Natur & Umwelt

Mit seinen vielfältigen Landschaften und den regionalen Klimaunterschieden hat Zypern alle Grundlagen für eine besonders artenreiche Flora, die noch nicht restlos erforscht ist und deshalb Naturfreunden manch überraschende Entdeckung verspricht.

Die Insellage begünstigte die Entwicklung endemischer, d. h. nur auf Zypern anzutreffender, Gewächse. 110 dieser Arten sind bisher bekannt, darunter so unscheinbare Raritäten wie die zyprische Eselsdistel und seltene Orchideen wie die Kotschys-Ragwurz.

Die brusthohe Macchia oder die Phrygana, eine niedrige Buschvegetation aus Kräutern, Sträuchern und Zwergstauden, sind die typischen Pflanzengemeinschaften der tieferen Lagen. Oft wirkt die Landschaft hier grau und eintönig, umso leuchtender hebt sich der gelbe Ginster ab. Schon von Weitem riecht man die Gewürze, die wir aus der Küche kennen: Lorbeer, Rosmarin, Salbei, Thymian, Minze und Majoran, die teilweise auch als Tee und Arznei verwendet werden. Die besten Wandergebiete, um diese Pflanzengemeinschaften kennenzulernen, sind die beiden Halbinseln Akamas und Karpaz.

SEITENBLICK

Zyperns Wälder

Ökologischer Raubbau ist keine Neuerung unserer Tage, sondern lässt sich bis in die Antike zurückverfolgen. So wurden, ob für die Erzgewinnung oder für den Schiffbau, Zyperns Wälder bis zum Mittelalter nahezu restlos abgeholzt. Gefräßige Ziegen, denen die jungen Bäumchen besonders mundeten, taten ihren Teil dazu, dass der Wald sich aus eigener Kraft nicht mehr erholen konnte. Trotzdem ist Zypern heute wieder eine der waldreichsten Inseln im Mittelmeer. Die britischen Kolonialherren begannen mit Aufforstungen, um der Bodenerosion zu begegnen, für die auch die immer wieder durch Unachtsamkeit entstehenden Waldbrände verantwortlich sind. Auf den sauren Böden setzen die Förster gern die schnellwüchsige und anspruchslose Kalabrische Kiefer (*Pinus brutia*), die inzwischen rund 90 % des Baumbestands ausmacht. Nur an wenigen Stellen, wie im abgelegenen »Tal der Zedern«, hat sich die auf Zypern endemische Troodoszeder (*Cedrus libani ssp. brevifolia*) gehalten.

In diesen Wäldern leben auch die letzten Mufflons *(Ovis ammon orientalis)*, die Wappentiere der Insel. Diese scheuen Wildschafe werden Besucher aber kaum in freier Natur, sondern im Zoo von Limassol oder in den Gehegen bei Kakopetria und Stavros tis Psokas antreffen.

Das Troodos-Gebirge ist im Vergleich zu anderen Mittelmeergebieten stark bewaldet

Buch-Tipp:

C. A. J. Kreutz, **Die Orchideen von Zypern/The Orchids of Cyprus**, das Standardwerk mit deutsch-englischen Texten. Daneben auch mit Bildern und Karten zur Verbreitung der auf Zypern heimischen Orchideen. Zu bestellen im Internet unter www.buchhandel.de.

Die Menschen

Noch die Landkarten der Kolonialzeit, die die türkischen und griechischen Siedlungsgebiete Zyperns mit unterschiedlichen Farben kennzeichnen, sehen aus wie ein bunter Flickenteppich.

Beide Volksgruppen lebten über die Insel verstreut und in vielen Dörfern und Städten friedlich nebeneinander. Erst nach den politischen Unruhen von 1963/64 zogen sich die Türken unter dem Schutz von UNO-Truppen in geschlossene Enklaven zurück.

So gibt es heute im griechischen Landesteil gerade noch zwei Dörfer mit gemischter Bevölkerung: In Potamia verträgt man sich leidlich. In Pyla, das unter UN-Aufsicht steht, herrscht eine Dauerfehde. Im Norden harren wenige Hundert Griechen auf der Halbinsel Karpaz aus, wo sie allerlei Schikanen durch türkische Fanatiker ausgesetzt sind.

Die Einwohnerzahl ist bei den Politikern beider Seiten umstritten. Die 2011 in Nordzypern durchgeführte Volkszählung ermittelte 295 000 Bewohner für den türkisch-zyprischen Inselteil, ohne die türkischen Soldaten dazuzurechnen. Ein Streitpunkt sind bislang die wenigstens 100 000 seit 1974 zugewanderten Festlandtürken samt ihren Nachkommen, die von der griechischen Seite nicht als Zyprer akzeptiert werden.

Kunst & Kultur

An der Schnittstelle zwischen den drei Kontinenten Afrika, Asien und Europa war Zyperns Kultur seit jeher vielfältigen Einflüssen ausgesetzt, brachte aber auch immer wieder eigenständige Kunstwerke hervor.

Bronzezeit bis Klassik

In die frühe Bronzezeit (ca. 2500–1900 v. Chr.) wird das im Nationalmuseum aufbewahrte Terrakotta-Heiligtum von Vouni datiert. Die Tonminiatur stellt eine Mysterienfeier dar. Ihren Höhepunkt erreicht die zyprische Terrakotta-Kunst in der kypro-archaischen Zeit (700–475 v. Chr.) mit den Votivgaben von Agia Irini: Manche der 2000 Figuren sind überlebensgroß.

Mit der klassischen Epoche kommen Plastiken aus Kalkstein in Mode. Die Kunst orientiert sich jetzt an Vorbildern aus der griechischen Welt, die mit dem Beginn der hellenistischen Zeit (331–58 v. Chr.) von alexandrinischen Einflüssen abgelöst werden. Ein Beispiel dafür ist die im 2. Jh. v. Chr. geschaffene Aphrodite von Soli.

Byzantinik bis Renaissance

Wegen des von 726–843 n. Chr. im Byzantinischen Reich wütenden Bildersturms (Ikonoklasmus) blieben im Bereich der Ostkirche nur wenige frühchristliche Kirchenmosaiken erhalten. Auch das nach 1974 illegal in die USA verbrachte Mosaik von Lynthrangkomi (Karpaz), von dem Teile den Weg in Nikosias Byzantinisches Museum fanden, stammt aus jener Zeit. Eine architektonische Kostbarkeit, die man nur auf Zypern findet, sind die »Scheunenkirchen« im Troodos-Gebirge. Diese Kreuzkuppelkirchen byzantinischen Stils wurden seit dem 13. Jh. mit einem schützenden Dach aus Holzschindeln überbaut.

Bei der religiösen Wandmalerei lässt sich ein höfischer Stil von der asketischen Malweise der Mönche unterscheiden. Beide folgen auch nach der zunehmenden Unterdrückung der orthodoxen Kirche durch die Kreuzritter weiterhin byzantinischen Vorbildern. Ab etwa 1500 macht sich der Einfluss der italienischen Renaissance bemerkbar, bis die osmanische Eroberung nahezu jedes religiöse Kunstschaffen mit Ausnahme der Ikonenmalerei beendet.

Maler im Kloster Stravrovouni

Der orthodoxe Kirchenmaler kann Stil und Themen nicht frei wählen, sondern muss sich an die überlieferten Vorbilder halten und den unumstößlichen Inhalt der Heiligen Schrift darstellen.

20. Jahrhundert

Die überwiegend an Londoner Kunstschulen ausgebildete »Generation der Väter« um A. Diamantis (1900–1984), den bekanntesten zyprischen Maler, und ihre Nachfolger verbinden westliche Moderne mit folkloristischen und byzantinischen Motiven. Seit 1974 thematisieren einige Künstler den Schmerz über die Teilung. Viele ihrer Werke sind in der Städtischen Galerie (Municipal Art Centre, Od. Palias Elektrikis 19, Di–Sa 10–21, So 10–16 Uhr, Eintritt frei), der Leventis Gallery (Od. Leonidou, Do–Mo 10–17, Mi bis 22 Uhr) und der State Gallery of Contemporary Art (Od. Stasinou/Kritis, Mo–Fr 10–17, Sa 10–13 Uhr) in Nicosia ausgestellt.

Feste & Veranstaltungen

An einem Anlass zum Feiern fehlt es nie: Hochzeiten, Taufen, Beschneidungen oder auch einfach nur ein Picknick am Sonntagnachmittag.

Dann wird üppig gegessen, getrunken, getanzt und gesungen, und Gäste werden in den Kreis einbezogen, als hätten sie schon immer dazugehört. Auch Festivals und große Veranstaltungen sorgen für einen gut gefüllten Festkalender – eine aktuelle Vorschau bekommen Sie vor Ort bei den Tourist-Informationszentren.

SEITENBLICK

Freitagsgebet oder Ikone: die Religionen

Das Zypernproblem ist ein ethnischer, kein religiöser Konflikt. Die religiöse Bindung der alteingesessenen zyprischen Muslime ist überraschend gering. Wer während des Freitagsgebets einen Blick in Nikosias Selimiye-Moschee wirft, wird erleben, dass nur wenige Gläubige dem Gebetsruf folgen. Und auf den Straßen trägt kaum eine türkische Zyprerin das Kopftuch. Stärker in islamischen Gesetzen verwurzelt sind die Zuwanderer vom türkischen Festland. In ihren Dörfern wird der auf Zypern sonst sehr locker gehandhabte Fastenmonat Ramadan strikt eingehalten – man bekommt tagsüber nicht einmal eine Tasse Tee.

Erzbischof und Staatspräsident Makarios war der letzte Führer der Zyperngriechen, der das höchste geistliche und politische Amt in einer Person vereinte (1960–1977). Nach ihm verlor die orthodoxe Kirche viel von ihrem Einfluss auf die Politik und das Alltagsleben.

SPECIAL

Einfach Spitze!

Auf den Spuren von Leonardo da Vinci

Bereits vor gut 500 Jahren begeisterte sich kein Geringerer als Leonardo da Vinci für zyprische Textilkunst und erwarb ein Altartuch für den Mailänder Dom – so wird es jedenfalls auf der Insel werbeträchtig überliefert. Zentrum des Spitzen-Handwerks ist das Dorf Lefkara am Westhang des Troodos-Gebirges. Die Frauen sitzen bei schönem Wetter in kleinen Gruppen vor den Häusern und arbeiten an ihren Baumwoll- und Leinendecken. Dabei kann die Herstellung eines üppig verzierten Tischtuchs durchaus einige Monate in Anspruch nehmen.

Stickereien und mehr aus der Sommerfrische

Mit geometrischen, durchbrochenen Mustern, viel Mut zur freien Fläche, Flachstich und dem charakteristischen Hohlsaum sind Motive und Technik der *Lefkaritika,* wie die Lefkara-Stickereien genannt werden, bis heute von alten venezianischen Vorbildern beeinflusst und erinnern daran, dass Lefkara zu Leonardos Zeiten eine beliebte Sommerfrische reicher Venezianerinnen war. In den verwinkelten Gässchen Lefkaras werden nicht nur gestickte Decken und Deckchen – viele davon mit wunderschönen Hohlsaumstickereien – feilgeboten. Auch Silberschmuck und Tafelsilber kann man in den Läden des Dorfes erstehen, und sogar Ikonen werden gemalt und verkauft.

- **D. & A. Lefkara Handicraft** [E5]
  Empfiehlt sich als gute Adresse für den Einkauf von *Lefkaritika*.
  50 Dinge ③③ › S. 15.
  An der Landstraße über dem Zentrum von Lefkara
  Tel. 9962 7759
  www.facebook.com/lefkaralace

Traditionelles Handwerk ...

Während man sich angesichts reger Nachfrage aus aller Welt um die Zukunft der Stickerei in Lefkara keine Sorgen zu machen braucht, drohen andere Zweige traditionellen Kunsthandwerks dem Konkurrenzdruck industrieller Massenfertigung zu unterliegen. Der Erhaltung überlieferter Handwerkskünste hat sich das staatliche **Handicraft Centre** verschrieben. In dessen Manufaktur klappern die letzten Webstühle, auf denen die traditionellen Phyti-Decken und Tischläufer hergestellt werden. Schreiner und Holzschnitzer werkeln an Mitgift-Truhen aus Pinien- und Walnussholz. Außer der eigenen Produktion verkaufen die Läden des Handicraft Centre auch Töpferwaren, rustikale Flechtarbeiten aus Bast, Binsen oder Stroh, verzierte Flaschenkürbisse und weitere traditionelle Arbeiten aus den Werkstätten freischaffender Kunsthandwerker. Ein schönes und zugleich nützliches Mitbringsel für die Daheimgebliebenen sind die unglasierten Tonkrüge, in denen Flüssigkeiten angenehm kühl bleiben. Man findet die Verkaufswerkstätten im

• **Handicraft Centre** [E3]
  am Stadtrand von Nikosia
  Leoforos Athalassa 186
  Tel. 2230 5024
  Mo–Fr 7.30–14.30 Uhr
  50 Dinge ㊲ › S. 16.
  Verkaufstellen gibt es auch in Limassol, Odos Themidos 25, Larnaka, Odos Kosma Lysioti 6, und Paphos, Odos Apostolou Pavlou 64.

... und modernes Design

Modernes, doch nicht unbedingt typisch zyprisches Kunsthandwerk findet man im Chrysaliniotissa-Viertel in Nikosias historischer Altstadt. Unmittelbar neben der gleichnamigen, spätbyzantinischen Kirche erschaffen junge Glasbläser, Kunstschmiede, Mosaikleger, Juweliere, Drechsler und Kerzenzieher in dem restaurierten Handwerkerhof **Chrysaliniotissa Craft Centre** außergewöhnliche Mitbringsel. Die Künstlerateliers sind gewöhnlich Mo–Fr 10–13, 16–19 Uhr (im Winterhalbjahr 15–18 Uhr) und Sa 10–13 Uhr geöffnet. Verbinden Sie den Besuch mit einem Spaziergang durch das Viertel mit seinen hübsch restaurierten Lehmhäusern und blumengeschmückten Höfen oder mit einer Mittagspause im Bistro des Craft Centre.

Lockstickerei in Lefkara

43

Die Festdaten werden in der orthodoxen Kirche nach dem julianischen Kalender festgelegt

Christos anesti! Frohe Ostern!

Schon die Karwoche steht ganz im Zeichen der Vorbereitungen auf das wichtigste aller Kirchenfeste. In der Nacht zum Ostersonntag trifft sich das Dorf zur Messe. Alle bringen rote Ostereier und Kerzen mit. Stundenlang dauert die Liturgie, bis mit dem Öffnen der Kirchentür und dem Entzünden der Kerzen Schlag Mitternacht der Sieg Christi über den Tod gefeiert wird. Anschließend werden die Ostereier verzehrt, Feuerwerkskörper gezündet, und dann eilt die Menge nach Hause, um auch dort zu feiern.

Festkalender

Februar: Karneval Ein Erbe der venezianischen Epoche beginnt am 60. Tag vor dem orthodoxen Osterfest. Besonders wild treiben es die Narren und Närrinnen in der lebensfrohen Hafenstadt Limassol.

Mai: Anthestiria Das Blumenfest an einem Sonntag im Mai geht auf die antiken Mysterien zu Ehren des Wein- und Theatergottes Dionysos zurück.

Mai/Juni: Kataklysmos Das Fest, das auf die Pfingsttage fällt, erinnert an Noahs Errettung vor der Sintflut. In den Küstenstädten, besonders in Larnaka, wird es mit Bootsparaden, einem Sängerwettstreit und großem Jahrmarkt gefeiert.

Bellapais Musikfestival Kammermusik und Chorgesang im Kloster Bellapais. www.bellapaisfestival.com

Juni/Juli: Famagusta Festival im antiken Theater von Salamis, Jazz- und Popmusik (www.magusa.org).

Juli: Festival of Ancient Greek Drama Griechische Dramen in den antiken Stätten von Paphos, Kourion und Nikosia.

August: Paphos Aphrodite Festival Immer Ende August steht Paphos' Hafenkastell abends ganz im Zeichen von Verdi, Puccini und Co (www.pafc.com.cy).

Sept./Okt.: Kypria Festival mit klassischer Musik und Ballett in allen Städten.

Essen & Trinken

Die Küche Zyperns ist – als ein Spiegelbild der fremden Einflüsse auf die Insel – außergewöhnlich vielseitig. Zahlreiche Rezepte ähneln denen der Türkei, Griechenlands und des Libanon.

Darum ein Tipp: Fragen Sie gezielt nach einheimischen Gerichten und machen Sie dem Wirt freundlich klar, dass Sie nicht nach Zypern gekommen sind, um nur Schnitzel mit Pommes frites zu essen.

Mit Ausnahme des von den Muslimen gemiedenen Schweinefleischs gab es früher kaum Unterschiede bei den Speisezetteln von türkischen und griechischen Zyprern – nur die Namen unterschieden sich. Durch die Zuwanderer aus Anatolien hat die Küche im türkischen Landesteil sich in den letzten Jahren allerdings der des Festlandes angeglichen.

Ein Grill ist für die Zyprer unverzichtbar. *Souvlakia* (türk. *Şişkebab*), die gegrillten Fleischstückchen, sind das beliebteste Gericht der Einheimischen, auch Fisch wird meist über der Holzkohlenglut gegart.

Mezedes/Mezeler

Die *Mezedes* (türk. *mezeler*) stellen den besten Einstieg in die zyprische Kochkunst dar. Was in Griechenland oder im Libanon nur als Vorspeisenteller serviert wird, hat sich auf Zypern zu einem kompletten Menü entwickelt, das Gästen viel Ausdauer und einen gesunden Appetit abverlangt:

Zeit für ein gemütliches Essen im beschaulichen Weinort Omodos

Zyprische Spezialitäten

Soupa trahana, eine Hühnerbrühe mit Weizenschrot, Sauermilch, Tomaten und Halloumi-Käse.

Barbounia (türk. *barbunya*), Rotbarbe, der schmackhafteste und auch teuerste Speisefisch.

Afelia, geschmortes oder gebackenes Schweinefleisch, in Rotwein mariniert und mit reichlich Koriander gewürzt.

Kleftiko (türk. *fırın kebap*), das »Räuberessen«, am besten aus Lammfleisch, muss lange im Lehmofen geschmort werden.

Loundsa, in Wein marinierte Schweinelende, entweder gegrillt oder gebraten.

Stifado, Rindergulasch mit Gemüsezwiebeln, mit Zimt gewürzt.

Scheftalia, Hackfleischwürstchen, halb vom Schwein, halb vom Rind, mit Zimt und Pfefferminze gewürzt.

Dolmades oder **Gemista** (türk. *dolmalar*), mit Reis, eventuell auch

mit Hackfleisch gefüllte Gemüse verschiedener Art.

Choriatiki (türk. *çoban salatası*), Bauernsalat mit Gurken, Tomaten, Zwiebeln, Oliven und Schafskäse.

Koupepia (türk. *yaprak dolması*), mit Reis gefüllte Weinblätter.

Hummus, eine dicke Soße aus Kichererbsen, Knoblauch, Olivenöl und Zitronensaft.

Tahina (türk. *tahin*), wie Hummus, doch mit Sesam statt Kichererbsen.

Taramosalata, Mischung aus Fischrogen, in Milch eingeweichtem Brot, Kartoffelbrei und Olivenöl.

Halloumi (türk. *hellim*), Schafskäse mit Minze, gebacken, gegrillt oder gebraten.

Baklava, ein Dessert aus mit Mandeln und Zimt gefülltem Blätterteig in Zuckersirup.

Soutsouko (türk. *cevizli sucuk*), auf eine Schnur gezogene Nüsse und Mandeln in einem Mantel aus eingedicktem Traubengelee.

Zum Preis einer Mahlzeit bekommt man bis zu 20 Schälchen mit unterschiedlichen kalten und warmen Speisen serviert.

Taverna oder Kentro?

Außer im *Estiatorion* (türk. *restoran*) und der volkstümlicheren *Taverna* (türk. *lokanta*) speist man in der *Psarotaverna* (türk. *balık lokantası*), einem Fischlokal. Im *Kentro* oder der *Bouzoukitaverna* läuft bis spät nachts ein Musik- und Unterhaltungsprogramm. Zuckersüße Schlemmereien werden im *Zacharoplastion* (türk. *pastahane*) angeboten, einer Art Konditorei.

Getränke

Vor allem kleine Privatkellereien und Winzergenossenschaften haben sich mit den Weinen in den letzten Jahren auch international einen guten Namen erworben. In Agios Ambrosios bei Limassol hat sich die Kellerei dem ökologischen Weinbau verschrieben. Nur auf Zypern wächst die seltene Maratheftiko-Rebe. Eine weitere Spezialität der Insel ist der *Commandaria,* ein schwerer, dem Portwein vergleichbarer, Dessertwein. Ein guter *Commandaria* wird nach zehn Jahren auf Flaschen gezogen.

Einheimischer Sherry oder Brandy Sour, ein Longdrink aus Brandy, Angostura Bitter, Zitronensaft und Soda, sind als Aperitif beliebt. *Rakı* (griech. *ouzo*) wird im türkischen Landesteil reichlich, im Süden aber nur selten getrunken. Dort gehört es zur Ehre jedes Dorf-*Kafenions,* den hochprozentigen Tresterschnaps *Tsivania* auszuschenken.

In einem Kaffeehaus (griech. *kafenion,* türk. *kahvehane, cayevi*) des griechischen Landesteils einen »türkischen Mokka« zu bestellen, würde als grobe Beleidigung empfunden werden. Seit dem blutigen Zwist von 1963/64 heißt er im Süden nur noch »griechischer Kaffee« *(kaffe elliniko).*

! Erstklassig

Typisch genießen – die originellsten Restaurants

....

- Der Familienbetrieb **Laona** in der Altstadt von Paphos serviert zyprische Hausmannskost nach alten Rezepten. › **S. 86**
- Im Restaurant **Farmyard** in Kathikas gibt es zum leckeren Essen eine tolle Aussicht. › **S. 88**
- Im Gartenlokal **To Vrysi** in Pedoulas im Marathasa-Tal kommen köstliche Forellen aus dem eigenen Teich auf den Tisch. › **S. 104**
- In **Niazi's Restaurant** in Girne zaubert der Koch am offenen Grill – auch für Vegetarier. › **S. 126.**
- Im **Kemal'in Yeri** in Boğaz speist man frischen Fisch direkt am Hafen. › **S. 141**
- Einheimische versichern, dass es im Ausflugslokal **Tepe** in Kumyalı (Karpaz) den besten Schmorbraten *(fırın kebap)* gibt. › **S. 144**

Einst Sitz der Kreuzritter:
die Burg St. Hilarion

TOP-TOUREN & SEHENS-WERTES

DER SÜDEN

Kleine Inspiration

- **Den Blick über die Küste und das Meer schweifen lassen** auf einer Wanderung zum Kap Gkreko › S. 56
- **Im Winter die Flamingos beobachten** am Salzsee bei Larnaka › S. 63
- **Den Sonnenuntergang genießen** auf der Akropolis von Amathus › S. 70
- **Eine Konzert- oder Theateraufführung erleben** vor der grandiosen Naturkulisse des römischen Theaters in Kourion › S. 71

Kokkinochoria, rote Dörfer, heißt das Gebiet im äußersten Südosten Zyperns. Nicht wegen der sonnenverbrannten Badegäste oder der politischen Gesinnung der Einheimischen, sondern wegen der tiefroten Erde.

Die Kartoffeln, die früher der Stolz der Kokkinochoria waren, baut allerdings kaum noch jemand an. Die feinen Sandstrände der Region boten den Hoteliers Ersatz für das seit 1974 vom türkischen Militär besetzte Hotelviertel von Famagusta. So wurde aus dem schlichten, aber urigen Fischerdorf Agia Napa schnell eine Ferienstadt aus der Retorte. Als mediterrane Partymetropole konkurriert sie mit Ibiza und Lloret de Mar. Familien urlauben im Sommer besser in Protaras und Pernera.

Wer sich außer für Strand- und Nachtleben auch für Sehenswürdigkeiten interessiert, der ist in Larnaka besser aufgehoben. Zyperns älteste Stadt ist beschaulich geblieben und liegt verkehrsgünstig – die Hotelzone etwas außerhalb hat Autobahnanschluss. Sanft gewellte Ebenen und Hügelketten bestimmen das Hinterland, das im Sommer zur kargen Steppenlandschaft verdorrt.

Limassol gefällt mit geschäftigem Großstadtflair. Mancher russische »Biznisman« hat in Zyperns zweitgrößter Stadt sein ausländisches Standbein. Limassol hat auf der vom britischen Militär genutzten Halbinsel Akrotiri einen Salzsee. Weiter im Westen wird die Küste steiler, Felsklippen und Buchten wechseln sich mit den Schwemmlandfächern der Flussmündungen ab. Im Norden, hinter den Vorbergen mit Zyperns Weinbauregion, begrenzt das Troodos-Gebirge den Horizont und lockt zu Ausflügen.

Oben: Wandern auf dem naturgeschützten Kap Gkreko
Links: Ruine der Basilika in Kourion

Touren in der Region

 Von der Party-meile zu end-losen Stränden

Route: Agia Napa › Kap Gkreko › Protaras › Pernera › Deryneia › Paralimni › Agia Napa

Karte: Seite 54
Dauer: 1 Tag, 65 km
Praktische Hinweise:
- Dieser Vorschlag eignet sich auch als Radtour. Kurze Strecken ausgenommen begleiten asphaltierte Radwege die Autostraße. Das Gelände ist weithin eben und es gibt nur wenige Steigungen. Mehr Kraft erfordert auf der Fahrt zum Kap der manchmal recht kräftige Ostwind.
- Egal ob auf dem Rad oder am Strand: Sonnenschutz ist wichtig.

Tour-Start:
Parallel zur Küstenlinie geht die Fahrt zum naturgeschützten **Kap Gkreko** **2** › S. 56, wo man zum Aussichtspunkt mit dem Friedensdenkmal aufsteigen kann. Abstecher führen meerwärts zur markanten Kapelle Agioi Anargyroi und zur sandigen Konnos Bay. Auch in Protaras › S. 56 und Pernera kann man Bade- und Lunchpausen einlegen. In Deryneia › S. 59 blickt man über eine Mauer ins türkisch besetzte Varosha. Via **Paralimni** **3** › S. 56 geht es zurück nach Agia Napa.

 Auf Leonardo da Vincis Spuren

Route: Larnaka › Pyrga › Kloster Stavrovouni › Lefkara › Choirokoitia › Zygi › Camel Park › Kiti › Larnaka

Karte: Seite 54
Dauer: 1–2 Tage, 130 km
Praktische Hinweise:
- Für diese Tour brauchen Sie einen Mietwagen. Die Sehenswürdigkeiten haben in der Regel von 9–17 Uhr geöffnet, im Sommer auch länger.
- Das Kloster Stavrovouni macht ab 12 Uhr Mittagspause.

Tour-Start:
Diese Tour führt durch das wenig besuchte Hinterland von Larnaka. Um die Kapelle **Agia Ekaterini** **6** › S. 63 in Pyrga rankt sich die tragisch-romantische Geschichte des Lusignan-Königs Janus und seiner Frau Charlotte. Zyperns ältestes und besonders strenges Kloster **Stavrovouni** **7** › S. 64 duldet zwar keine Besucherinnen innerhalb seiner Mauern – die herrliche Aussicht vom Klosterberg dürfen aber auch Frauen genießen. Die Stickereien von **Lefkara** **9** › S. 64 überzeugten schon Leonardo da Vinci. In die Steinzeit zurückversetzt wird man in den Ausgrabungen von **Choiro-**

koitia › S. 65. Wer es recht urig mag, der kann in einer der Fischtavernen von Zygi › S. 66 die Mittagspause verbringen. Familien fahren weiter zum **Camel Park** 11 › S. 66 in Mazotos, in dem man auch baden kann. Letzter Programmpunkt der Fahrt ist die Kirche **Panagia Angeloktistos** 12 › S. 66 in Kiti.

Qual der Wahl, sich gleich hier am Strand von den Besichtigungen zu erholen oder damit bis zum **Petra tou Romiou** 20 › S. 74 zu warten, wo die Göttin dem Meer entstieg. Zum Abschluss bietet sich ein Abstecher in das für sein Olivenöl bekannte, schmucke Bergdorf **Anogyra** 21 › S. 74 an.

Wo Aphrodite dem Meer entstieg

Route: Limassol › Kolossi › Kourion › **Petra tou Romiou** › Anogyria › Limassol

Karte: Seite 54
Dauer: 1 Tag, 90 km
Praktische Hinweise:
- Nehmen Sie für die Hinfahrt die hübsche Landstraße, für die Rückfahrt die schnellere Autobahn.
- Badesachen nicht vergessen!

Tour-Start:
Diese Tour führt an der Küste entlang und macht auf dem Rückweg noch einen Abstecher ins Gebirge. Am Übergang von der kargen Halbinsel Akrotiri zu den üppigen Zitrushainen, die erst in jüngerer Zeit von den aus Morfou vertriebenen Griechen hier angelegt wurden, erhebt sich die Johanniterfeste **Kolossi** 16 › S. 70. Auf einem Plateau über der Küstenebene besucht man anschließend das römische **Kourion** 18 › S. 71 mit seinem sehenswerten Amphitheater und hat dann die

Die Weindörfer der Koumandaria

Route: Limassol › Cyprus Wine Museum › Omodos › Louvaras › Governor's Beach › Amathus › Limassol

Karte: Seite 54
Dauer: 1 Tag, 160 km
Praktischer Hinweis:
- Wer am Steuer des Mietwagens sitzt: Für Autofahrer gilt auf Zypern die 0,5-Promillegrenze!

Tour-Start:
Diese Fahrt führt ins Weinland an den Südhängen des Troodos-Gebirges. Erste Station ist das von der Autobahnausfahrt gut ausgeschilderte **Cyprus Wine Museum** 17 › S. 71 kurz hinter Erimi. Über Agios Ambrosios mit seiner ökologischen Weinkellerei geht es weiter in den Weinort **Omodos** 22 › S. 75, der mit seinen engen Gassen und den gekalkten Häuschen an ein Kykladendorf erinnert. Wenn nicht schon in Agios Ambrosios möchten Sie vielleicht hier ein Fläschchen

Wein als Mitbringsel einkaufen. **50 Dinge** ⑭ › **S. 13.**

Zur Mittagspause empfiehlt sich der schattige Rastplatz Green Valley (bei Trimiklini) mit seinen Gartenlokalen und dem hübschen Wasserfall (nur im Winter und Frühling). Die sehenswerte Scheunendachkirche von **Louvaras** ㉓ › **S. 75** ist für ihre Fresken aus der Renaissance berühmt. Den Rest des Nachmittags verbringen Sie dann am **Governor's Beach** ⑮ › **S. 70.** Und wenn es sich zeitlich fügt, klettern Sie am Rückweg nach Limassol noch auf die Akropolis von **Amathus** ⑭ › **S. 70,** um dort den schönsten Sonnenuntergang zu genießen.

Touren im Süden

Tour ①

Von der Partymeile zu den Stränden

Agia Napa › Kap Gkreko › Protaras › Pernera › Deryneia › Paralimni › Agia Napa

Tour ②

Auf Leonardo da Vincis Spuren

Larnaka › Pyrga › Stavrovouni › Lefkara › Choirokoitia › Zygi › Mazotos › Kiti › Larnaka

Unterwegs im Süden Zyperns

Agia Napa [H4]

Sun 'n' fun verheißt das einstige Fischerdorf › **Special S. 57**, das heute ausschließlich vom Fremdenverkehr lebt. Nur das alte **Kloster** im

Zentrum hat sich um seinen venezianischen Brunnen und die Kapelle etwas Beschaulichkeit bewahrt. Doch deshalb kommt niemand nach Agia Napa, sondern wegen des feinen Sandstrands. Strandbars und

Tour ③

Wo Aphrodite dem Meer entstieg

Limassol › Kolossi › Kourion › Petra tou Romiou
› Anogyria › Limassol

Tour ④

Die Weindörfer der Koumandaria

Limassol › Wine Museum › Omodos › Louvaras ›
Governor's Beach › Amathus › Limassol

Zyperns einziger Bungeekran sorgen für Unterhaltung, ebenso der Aphrodite Waterpark mit seinen Riesenrutschen. Abends trifft man sich am Seferis-Platz, von wo aus Nachtschwärmer ihren Zug durch die Discos antreten. Recht informativ ist das **Thalassa-Museum. 50 Dinge** ⑥ › S. 12.

Info

Cyprus Tourism Organisation (CTO)
Mo–Fr vormittags, Mo, Di, Do und Fr auch nachmittags geöffnet.
• 12 Kryou Nerous | Agia Napa
Tel. 2372 1796 | www.agianapa.org.cy

Verkehr

• **Osea**, www.osea.com.cy, und **Intercity**, www.intercity-buses.com. Abfahrt am Marina-Hotel und am Kloster, nach Larnaka, Nikosia, Protaras/Paralimni. Fahrpläne hängen aus.

Hotels

Nissi-Beach Holiday Resort €€€
4-Sterne-Hotel mit Traumstrand, Wassersportzentrum, Disco und Bar.
• Nissi Avenues | Agia Napa
Tel. 2372 1021
www.nissi-beach.com

Faros €€
Das zentral, aber ruhig gelegene Haus ist eine gute Wahl für Partygänger.
• Makarios Av.s | Agia Napa
Tel. 2381 6100 | www.faroshotel.com.cy

Restaurant

Taverna Napa €€
Das älteste Restaurant am Ort mit bezaubernder Weinlaube. Tgl. abends.
• Od. Dimokratias | Agia Napa

Ausflug zum Kap Gkreko ❷ [H4]

Neben Ausflüglern besuchen vor allem Zugvögel das naturgeschützte Kap. Ein Friedensdenkmal krönt den Gipfel, der eine herrliche Aussicht bietet. Pfadfinder erreichen das Kap auf dem Fernwanderweg E 4, für Radler hat man neben der Landstraße eine Route angelegt. Entlang der Ostküste weiter nordwärts wandernd kommt man zur Kapelle Agioi Anargyroi. Dann führt der Weg hinunter an die Bucht zu einer flachen Meeresgrotte. Auf ihrem Grund funkeln Münzen, deren Spender sich die Erfüllung eines geheimen Herzenswunschs erhoffen. **50 Dinge** ① › S. 12.

Paralimni ❸ [H4] und Umgebung

Die Hotelsiedlung **Protaras** und das kleinere **Pernera** bieten alles für einen Badeurlaub nach Maß. Beide Siedlungen gehören zur Kleinstadt **Paralimni,** in der der Alltag noch ohne Touristenandrang vonstatten geht. Einen Überblick gewährt die auf einem Hügel hinter der Tourist-Info in Protaras gelegene Wallfahrtskirche Profitis Elias. Unten am Meer, an der hübschen Fig Tree Bay und anderen Buchten, kann man sich in der Sonne aalen und von den Wellen umspülen lassen.

An Protaras' »Dorfstraße« beeindrucken am Abend die **Magic Dancing Waters** als grandios inszenier-

SPECIAL

Von Klub zu Klub in Agia Napa

Britannien ist eine coole Insel, aber mit kaltem Wetter. So machte sich die Londoner Szene im Sommer ans Mittelmeer auf, um sich dort heißen Rhythmen hinzugeben. Mit dem Aufstieg von UK-Garage zur angesagten Massentanzmusik errang das an der Südostspitze Zyperns gelegene Agia Napa den ersten Platz in der Liga der mediterranen Party-Ferienorte und ließ dem bislang führenden Ibiza das Nachsehen. Dessen sind sich jedenfalls Englands Trendmagazine absolut sicher, und selbst die ehrwürdige BBC übertrug bereits Partynächte live aus Agia Napa.

Mit der üblichen Verzögerung entdeckte dann auch die kontinentaleuropäische Szene den neuen Stil mit seinen schwungvollen Breakbeats – und damit die Partystadt Agia Napa. Längst hat sich der Ort deshalb von einem ruhigen Fischer-dorf zur unumstrittenen Nummer eins in Sachen Nachtleben auf Zypern entwickelt, beliebt vor allem bei jugendlichen Urlaubern aus Deutschland, der Schweiz, Großbritannien Skandinavien und Russland.

Partyhauptstadt des Mittelmeers

Szenegrößen wie Dimitri Vegas & Like Mike oder gar Mike Cole alias Matt Coleman, der manchen als Erfinder des UK-Garage gilt, verbringen den Sommer in Agia Napa und stehen dort hinter den Plattentellern und Mischpulten. Auf ihren Spuren bevölkern von Juni bis September allabendlich bis zu 30 000 Jugendliche die Gassen, Plätze, Kneipen und zwei Dutzend Klubs des einstigen Fischerdorfes.

Die Party beginnt in den Pubs und Bars rund um den Seferis-Platz, verlagert sich nach Mitternacht in die Klubs und endet häufig genug in wilden Strandfeten, die bis lange nach Sonnenaufgang dauern können.

Sex 'n' Drugs?

Außer Moët et Chandon als prickelndem Begleiter ebensolcher zur Schau gestellter Erotik fließen auf den Partys auch reichlich Wodka und besonders das vergleichsweise preiswerte Bier. Doch im Unterschied zur Szene auf den Balearen ist Agia Napa weitgehend frei von illegalen Rauschmitteln. Zu streng sind die Kontrollen der Polizei, die sich bei der Drogenfahndung auch auf die Tipps ihrer »informellen Mitarbeiter« unter dem Reinigungspersonal der Hotels und Pensionen verlässt. Ärger bereiten den Behörden eher Schlägereien oder jene allzu freizügigen Paare, die sich öffentlich und unter dem Beifall der Zuschauer verlustieren. Mit den über die ganze Piazza dröhnenden

In Agia Napa ist Party angesagt

Beats konkurriert die sonore Stimme des Dorfpriesters, dessen allabendlich über die Lautsprecher der Kirche ausgestrahlten Gebete dem lasziven Treiben Contra bieten.

Zwei Schritte voraus?

UK-Garage oder 2Step, wie das Genre auch genannt wird, ist Tanzmusik pur und erfreut alle, denen House-Musik schon immer zu eintönig war. Anders als die klassischen House-Tracks betont der 2Step nicht alle vier Schläge des Vierteltakts (4-to-the-floor), sondern lässt den zweiten und vierten Schlag einfach aus. Zudem einem unregelmäßigen, kurios verzögerten Rhythmus folgend, ist der UK-Garage kaum zu erklären – man muss ihn hören.

- Im **Bedrock Inn** (www.bedrockinn. com) mit seinem schrägen Fred-Feuerstein-Steinzeit-Dekor kann man sich vor Mitternacht mit Alkohol und Karaoke für das Nachtleben in Stimmung bringen.
- Die großen Klubs wie **Castle** (www.thecastleclub.com), **Starsky's** (www.facebook.com/starskyscyprus), das exklusive **Soho** und **Car Wash** (www.carwashcyprus.com) liegen allesamt im Ortszentrum und sind von Juni bis September tgl. 1–5 Uhr geöffnet. An Eintrittsgeld muss man 5–20 € rechnen, bei Gastspielen der Star-DJs auch mehr.
- CDs zum Einstimmen auf heiße Partynächte sind etwa **Ayia Napa Sunset** und **This is Ayia Napa**, beide Zyx Records; **Ayia Napa – The Album**, 404 Music Group; **This is Best of Ayia Napa**, Flute World Records.

Die Kirche des heiligen Lazarus ist eine der ältesten von Larnaka

tes Spektakel aus Wasserfontänen, Lichteffekten und Musik. Die Wasserspiele beginnen täglich um 21 Uhr und kosten 23 € Eintritt.

Etwas weiter nördlich bietet **Deryneia** eine »Checkpoint Charlie«-Atmosphäre, über deren Reiz man geteilter Meinung sein kann. Im letzten Dorf vor Famagusta wetteifern Cafés und Tavernen um die beste Aussicht in den »besetzten Teil«. Wer einen Abstecher nach Nordzypern machen will, der kann die Grenze am **Übergang Agios Nikolaos** passieren. Auf der türkischen Seite warten Taxis.

Info
Cyprus Tourism Organisation (CTO)
Mo–Fr 9.30–15.30
• Leoforos Protaras 14 | Protaras
Tel. 2383 2865

Restaurant
Zefkas €€
Strandtaverne mit Tradition und tollem Ausblick am schönsten Strand.

• Fig Tree Bay | Protaras
Tel. 2381 4442
www.figtreebayzefkas.com

Larnaka 4 [F5]

Mit 60 000 Einwohnern ist Larnaka Zyperns drittgrößte Stadt und nach Limassol der wichtigste Hafen des griechischen Landesteils. Einen Hauch von Nizza und Cannes verbreitet die Strandpromenade, wo man unter Palmen südländisches Flair genießen kann. Der vorgelagerte Sandstrand verführt zum faulen Sonnenbad; im angrenzenden Jachthafen treffen sich die Segler aus aller Herren Länder. Trotz des Flughafens hat sich Larnaka eine sympathische Normalität bewahrt. Ein Spaziergang durchs frühere Türkenviertel um die Moschee lässt den Orient lebendig werden. Auch das lebhafte Basarviertel bei der Lazarus-Kirche lädt zum Flanieren ein. Schier endlos dehnt sich der Sandstrand im Osten der Stadt, an dem die meisten Hotels liegen. Kition, wie Larnaka in der Antike hieß, wurde der Sage nach von dem in der Bibel erwähnten Kittim, einem Enkel Noahs, gegründet. 1075 v. Chr. wurde die Stadt durch ein Erdbeben zerstört und erst im 8. Jh. v. Chr. durch die Phönizier als Handelsstützpunkt wieder aufgebaut. Unter den Franken hieß Larnaka wegen seiner Salzgärten Salina, die Genuesen nannten es Scala (Hafen). Den heutigen Namen, abgeleitet vom altgriechischen Larnax (Steinsarko-

phag), bekam die Stadt von den Venezianern, die sich in der Renaissance als erste für die Altertümer Zyperns interessierten.

Hafenkastell und Lazarus-Kirche

Das 1625 von den Türken erbaute **Hafenkastell** Ⓐ ist die Perle in der Uferfront Larnakas. Auf den wuchtigen Wehrmauern stehen noch alte Kanonen, einige davon »made in Germany«. Das Burgmuseum zeigt Funde aus Kition und der bronzezeitlichen Siedlung am Salzsee (Mo–Fr 9–17 Uhr).

Die **Kirche des heiligen Lazarus** Ⓑ wurde unter Kaiser Leo VI. (886–912) über dem Grab des Stadtheiligen errichtet. Gemäß der Überlieferung soll der geheilte Lazarus vor den Nachstellungen der Juden nach Zypern geflohen sein, wo er Bischof von Kition wurde. Leo überführte die Reliquie des Heiligen nach Konstantinopel, wo sie von den Kreuzfahrern geraubt und nach Marseille gebracht wurde. Doch 1970 fand man unter der Kirche einen Sarkophag mit einem Schädel. Ob es sich bei dieser inzwischen vergoldeten und in einer Vitrine ausgestellten Reliquie wirklich um das Haupt des Heiligen handelt, wird sich wohl nie mehr klären lassen.

Auf dem kleinen Friedhof der Kirche finden sich Spuren jener Zeit, als Larnaka eine wichtige Station am Handelsweg zwischen Europa und Indien war. Vorwiegend sind dort Kaufleute aus England bestattet.

❗ Erstklassig

Zypern gratis entdecken

....

- **Musical Sundays** heißen Gratiskonzerte (Klassik, Pop, Folk), im Winterhalbjahr oft sonntagvormittags in Paphos am Archäologischen Park › S. 82, in Larnaka › S. 59 und Limassol › S. 67 an der Uferpromenade.
- Die im Wald versteckten **Scheunenkirchen** bergen Meisterwerke byzantinischer Malerei. Trotz Welterbestatus ist der Eintritt frei. › S. 106
- Das **Leventis-Museum,** Nikosias Stadtmuseum, vermittelt gratis einen authentischen Eindruck vom Alltagsleben vergangener Zeiten. › S. 109
- Die **Bank of Cyprus Cultural Foundation,** die Kulturstiftung der Bank of Cyprus, präsentiert Keramik, Schmuck und Münzen von der Antike bis ins Mittelalter. › S. 110

Museen am Hafen

Die von über sechs Generationen zusammengetragene Privatsammlung des **Pierides-Museums** ist in einer repräsentativen Gründerzeitvilla untergebracht. Das Haus selbst gewährt einen Einblick in den Lebensstil der Honoratioren um die Wende vom 19. zum 20. Jh. Unter den vielen Exponaten bestechen die hervorragenden Keramikwaren von der Jungsteinzeit bis ins Mittelalter (Zinonos Kitieos, Mo–Do 9–16, Fr/Sa 9–13 Uhr).

Die **Städtische Kunstgalerie** zeigt in den Hafenhallen wechselnde Präsentationen zeitgenössischer Kunst aus Zypern und aller Welt

A Hafenkastell
B Kirche des heiligen Lazarus
C Pierides-Museum
D Städtische Kunstgalerie
E Archäol. Museum
F Akropolis
G Kition

Die Moschee Hala Sultan Tekke liegt idyllisch am Ufer des Salzsees von Larnaka

(Platia Europa, Mo bis Fr 9–13, 15 bis 18 Uhr, Eintritt frei).

Archäologische Stätten

Der Besuch des **Archäologischen Museums** , der **Akropolis** und der **Ausgrabungen des antiken Kition** lohnt sich nur für Spezialisten, denn der Laie gewinnt anhand der spärlichen Überreste keine Vorstellung mehr von den mykenischen und den phönizischen Tempeln und den Kupferwerkstätten.

Info
Cyprus Tourism Organisation (CTO)
Mo–Sa vormittags, Mo, Di, Do und Fr nachmittags geöffnet. Die Filiale am Flughafen ist bei Ankunft und Abflug von Flugzeugen besetzt.
• Platia Vassileos Pavlou
  Larnaka | Tel. 2465 4322
  www.larnakaregion.com

Verkehr
• **Flughafen:** 4 km westlich des Stadtzentrums; die Bushaltestelle liegt unmittelbar vor dem Terminal.

• **Busverbindung:** Von der zentralen Haltestelle am Nordende der Uferpromenade fahren **Intercity-Busse** (www.intercity-buses.com) nach Nikosia, Limassol und Agia Napa.
• **Zinonas** (www.zinonasbuses.com) verbindet Larnaka mit den Dörfern der Region, Linie 430 mit der Hotelzone.
• **Servicetaxis:** Travel Express, Tel. 7777 7474, nach Nikosia, Limassol, Paphos.

Hotels
Golden Bay €€€
Strandhotel in schöner gewachsener Gartenanlage 10 km außerhalb der Stadt an der Küste im Osten; ruhig und gepflegt, Kinderbetreuung, Schwimmbad, Fitnesscenter und Wellnessbereich.
• Dekelia Road | Larnaka
  Tel. 2464 5444
  www.lordos.com.cy

Opera €
Neu und schick eingerichtetes Boutiquehotel in einem einladenden Art-déco-Gebäude gleich gegenüber der Lazarus-Kirche.

• 11 Platia Lazarou | Larnaka
Tel. 2440 0110
www.hoteloperalarnaca.com

Restaurants

Psarolimano €€
In der Fischtaverne dürfen die frischen Meerestiere direkt in der Küche aus dem Tagesangebot ausgewählt werden.
• 118 Piale Pasha, am Hafen
Larnaka

Militzis €
Deftige zypriotische Küche, als Draufgabe einen schönen Blick aufs Meer.
50 Dinge ⑳ › S. 14.
• 42 Piale Pasha | Larnaka

Art Café 1900 €
Künstlerrestaurant mit Galerie in einem Bau des 19. Jhs.
• 6 Od. Stasinou | Larnaka
Mi–Mo ab 18 Uhr

Bäckerei Kapitanis €
Tagsüber bietet die Bäckerei in der belebten Hauptstraße süße und salzige Leckereien. **50 Dinge** ⑯ › S. 14.
• 63 Od. Zinonos Kitieos
Larnaka

Feste

Mai/Juni: **Kataklysmos,** eine Woche lang um Pfingsten. Großes Volksfest mit Jahrmarkt entlang der Uferpromenade. Es wird nicht der Herabkunft des Heiligen Geistes auf die Jünger, sondern der Errettung Noahs und der Menschheit vor der Sintflut gedacht. Am Pfingstmontag segnet der Priester das Meer und wirft ein Kreuz hinein, das sogleich junge Männer aus den Fluten zu fischen versuchen.

Ausflug zum Salzsee ⑤ [F5]

Im Winter finden sich am Salzsee vor den Toren der Stadt Flamingos, Reiher, Höckerschwäne und andere Zugvögel ein. Aus einem gepflegten Hain am Ufer ragt die Moschee **Hala Sultan Tekke** hervor, die wichtigste muslimische Wallfahrtsstätte Zyperns (Tekke Road, 6 km südwestl. von Larnaka, tgl. 8–17, im Sommer bis 19.30 Uhr, Fr Gebetspause, Eintritt frei). Hala Sultan (arab.: *Umm Haram*) war eine Verwandte des Propheten, die 649 auf die Insel kam und dort der Überlieferung nach vom Maultier stürzte und starb.

Agia Ekaterini ⑥ [F5]

Einzige Attraktion im Ort **Pyrga** ist die von außen unscheinbare Kapelle Agia Ekaterini (8.30–16, im Sommer bis 17 Uhr, Schlüssel im Kafenion). Sie entstand 1421 in der Spätphase der Frankenherrschaft. Sie symbolisiert das Ende der Lusignan-Dynastie, die in ihrer Blütezeit reich genug war, um die gotischen Kathedralen von Nikosia und Famagusta sowie das Kloster Bellapais zu stiften, und deren Kraft zuletzt gerade noch für eine bescheidene Kapelle reichte.

Die meisten Wandbilder stehen stilistisch in der byzantinischen Tradition. Einzelne Figuren, etwa die Maria Hodegetria (die Wegweisende) mit dem Jesuskind auf dem Arm, verraten, dass der namenlose Maler auch mit der Kunst der italienischen Renaissance vertraut war. In der Kreuzigungsszene über dem Altar kniet, ins Gebet versunken, ein gekröntes Paar – Janus Lusignan (1398 bis 1432) und Charlotte von Bourbon, seine zweite Frau.

Die Kapelle gehörte zum königlichen Landgut Casal Piria. Vielleicht beteten die beiden hier auch am 6. Juli 1426, dem Vorabend der gegen ägyptische Mamelucken verlorenen Schlacht. Der unglückliche Janus, der schon einen Teil seiner Kindheit in genuesischen Kerkern verbracht hatte, wurde nach Kairo verschleppt. Zwar brachte ihm das ungeheure Lösegeld von 200 000 Dukaten nach einem Jahr wieder die Freiheit; aber Janus war ein gebrochener Mann und soll nie wieder gelächelt haben.

Stavrovouni-Kloster

7 ⭐ [F5]

Zyperns ältestes Kloster mit der Reliquie eines Splitters vom heiligen Kreuz krönt einen weithin sichtbaren Felsen (688 m), der vom Gut Agia Varvara aus auch auf einem Wanderpfad erklommen werden kann. Es wurde 327 durch die heilige Helena an der Stelle eines Aphrodite-Tempels gegründet. Der trutzige Klosterbau wurde im 17. und 18. Jh. errichtet. Abgesehen von der Reliquie belohnt die grandiose Aussicht den zu Fuß anstrengenden Aufstieg (Anfahrt über A 1/B 1, April bis Aug. tgl. 7–12, 15–19, Sept. bis März 7–11, 14–17 Uhr; Frauen ist dort der Zutritt verwehrt).

Aus dem Reisebuch des Pilgers Willibrand von Oldenburg, der im 13. Jh. Zypern besuchte, erfährt man, warum die heilige Helena, die zuvor bei einer Palästinareise das »wahre« Kreuz Christi wiederentdeckt hatte, hier ein Kloster gegründet hatte. »Der Teufel quälte die Bewohner der Gegend beharrlich. Die frisch Verstorbenen riss er nachts aus den Gräbern und brachte sie in die Hütten ihrer Freunde, sodass die Menschen ihre Toten nicht mehr bestatten konnten. Die mitfühlende Helena stellte am Berg jenes Kreuz auf, das sie von Jerusalem mitgebracht hatte, und vertrieb so die Dämonen …«

Skarinou **8** [E5]

Der kleine Ort hat im Zentrum seine historische Architektur bewahrt. Viele der Natursteinhäuser wurden behutsam in Feriendomizile umgestaltet. Das Wachsmuseum und eine Eselfarm locken Tagesausflügler an. **50 Dinge**   › S. 12.

Wachsmuseum

Das Wachsmuseum zeigt neben internationalen Berühmtheiten vor allem Szenen aus Zyperns Geschichte und Landleben (9 Agiou Louka, Skarinou, 16. Sept.–15. April tgl. 9–19, 16. April–15. Sept. 9 bis 17 Uhr).

Lefkara **9** [E5]

Der Ort ist für seine traditionsreichen Spitzen und Stickereien bekannt, die von den Frauen des Dor-

Natursteinhäuser geben dem Bergdorf Lefkara sein besonderes Flair

fes seit der venezianischen Zeit gefertigt werden › **S. 42**. Schon Leonardo da Vinci erwarb hier 1481 eine Altardecke für den Mailänder Dom. Die geometrischen Muster und fein gewirkten Hohlsäume der *Lefkaritika* verbinden griechische, byzantinische und venezianische Motive. Die Produktion einer einzigen Tischdecke dauert mehrere Wochen, was den hohen Preis erklärt. **50 Dinge** ㉝ › **S. 15**.

Außerdem werden in Lefkara Silberschmiedearbeiten und Ikonen angeboten. Von örtlichen Meistern stammt das mehr als 700 Jahre alte Kreuz der Kirche Tou Timiou Stavrou. **50 Dinge** ㊴ › **S. 16**.

Die Venezianer schätzten den Ort als Sommerfrische. Auch der campanileartige Kirchturm von **Pano Lefkara** verrät italienische Vorbilder. Vor allem hier, im Oberdorf, sind die Häuser stattlich, beinahe städtisch – man fühlt sich an die Bergdörfer im Landesinneren von Sizilien erinnert.

Volkskundemuseum

Das Volkskundemuseum im aufwendig restaurierten Patsalos-Haus bezeugt den Wohlstand vergangener Tage. Mit einer unvollendeten Stickerei gibt es gleichzeitig einen Einblick in die Technik von Lefkaras Textilkünstlerinnen (Pano Lefkara, Nov.–März tgl. 9–16 Uhr, April–Okt. 10–17 Uhr).

Ausgrabungen von Choirokoitia ⑩ ⭐ [E5]

Die neolithische Siedlung thront am Hang und auf einem Hügel über dem Fluss Marinou (Maroni-Tal, Hirokitia Road, tgl. 8–17, im Sommer bis 19.30 Uhr). Lange Zeit wurden die bis ins 7. Jh. v. Chr. zurückreichenden Mauern steinerner Rundhütten (*Tholoi*) als früheste menschliche Spuren auf Zypern gedeutet, doch fanden die Archäologen bei Kalavassos (Kastros) ein noch älteres Dorf und am Kap Gata

Im Hafen von Limassol liegen Privatjachten vor Anker

einen Lagerplatz aus der Mittelsteinzeit. Mehrere Siedlungsschichten liegen übereinander. Um 3800 v. Chr. wurde Choirokoitia endgültig aufgegeben. In den Funden spiegelt sich menschliche Entwicklungsgeschichte: Die ersten Bewohner lebten noch als Jäger und Sammler. Erst mit der Zeit lernten sie, Felder mit Getreide und Hülsenfrüchten zu bestellen und Haustiere zu züchten. Neue Einwohner brachten die Kenntnisse aus Syrien und Kilikien mit.

Unter den Werkzeugen fallen die sehr scharfkantigen Speerspitzen aus Obsidian auf. Die Bauweise der Rundhütten lässt sich am besten anhand eines Tholos gleich beim Eingang nachvollziehen: Zwei Pfeiler stützten eine hölzerne Zwischendecke. Auf der Außenseite umgab eine Art Vordach die Hütten.

Restaurants

Im Fischerdorf **Zygi** an der Küste servieren mehrere Lokale Fisch und Meeresfrüchte: **Koumbaris Fish-Tavern** (Tel. 2433 2450; €€–€€€), **Diana Fish** (Tel. 2433 2860; €€–€€€) oder auch **Captain's Table** (Tel. 2433 3737; €€€). In der Saison ab mittags geöffnet.

Camel Park 11 [F5]

Der Camel Park in Mazotos ist besonders an Wochenenden ein beliebtes Ausflugsziel. Die aus Israel stammenden Tiere können in Karawanen zum Strand geritten werden. Pools, Restaurant und ein großer Spielplatz sorgen für Entspannung (an der E 321, Mazotos, tgl. ab 9 Uhr, www.camel-park.com).

Panagia Angeloktistos 12 ★ [F5]

Außer in Thessaloniki und auf dem Sinai ist im Bereich der Ostkirche nur in der Apsis der Kirche Panagia Angeloktistos in Kiti (11 km) ein Mosaik aus dem 6. Jahrhundert aus der Zeit vor dem Bildersturm zu bewundern. Lebensgroß steht Maria auf einem Schemel, flankiert von Erzengeln (Archiepiskopou Makariou III, Kiti, Mo–Sa 7–16, So ab 9.30 Uhr, Mai–Sept. bis 18 Uhr).

Limassol 🔢 [D6]

Zyperns zweitgrößte Stadt, griechisch Lemesos genannt, liegt ziemlich genau in der Mitte der Südküste. So eignet sie sich besonders als Ausgangsbasis für Urlauber, die von einem Strandhotel aus gern Tagesausflüge unternehmen.

Obwohl seit dem 6. Jh. Sitz eines Bischofs, gewann Limassol erst unter den Kreuzrittern an Bedeutung. Richard Löwenherz landete hier auf seinem Kreuzzug ins Heilige Land. 1191 heiratete er in der Burg seine Braut Berengaria, deren Entführung durch den zypriotischen Potentaten Isaak Komnenos der eigentliche Grund für die Invasion der Kreuzritter gewesen war. Nach dem Fall von Akko (1291) machten die Ritterorden der Templer und der Johanniter Limassol für rund 20 Jahre zu ihrem Hauptsitz. Viele Erdbeben und Überfälle v. a. der Genuesen, Mameluken und Osmanen ruinierten die Stadt. Erst mit den Briten blühte Limassol vor gut 100 Jahren wieder auf. Heute hat die Stadt 180 000 Einwohner. Sie haben den Ruf, äußerst lebenslustig zu sein, was sie ihrem Weinfest, dem Karneval › **S. 44** und dem abendlichen Treiben auf der Amüsiermeile des Badevororts Potamos Germassogeias verdanken.

Neider betrachten die Stadt als Kriegsgewinnler. Der Hafen, Südzyperns größter Umschlagplatz für den Außenhandel, verdankt seinen Boom der türkischen Besetzung von Famagusta, das bis 1974 der bevorzugte Landeplatz von Schiffen war. Das ungezügelte Wachstum hat dem Stadtbild nicht gut getan. Den modernen Geschäftsstraßen fehlt es an Atmosphäre und Flair, auch historische Bauten besitzt die Stadt kaum. Viel gewonnen hat Limassol durch den Uferpark mit Fußgängerpromenade. Der Einzug einer Universität in das frühere Hauptpostamt brachte neues Leben in das Marktviertel.

Burg 🅐

Die über die Jahrhunderte vielfach veränderte Burg ist die herausragende Sehenswürdigkeit der Altstadt. Der Bau reicht bis in byzantinische Zeit zurück, später residierte hier der Johanniterorden. Die Osmanen nutzten das Kastell als Gefängnis. In den Gewölben stellt das **Museum des Mittelalters** Grabplatten, Waffen, Rüstungen und Kleinfunde aus. Fotos zeigen die mittelalterlichen Burgen und Kirchen Zyperns (Alter Hafen, Richard I & Berengaria, Mo–Sa 9–17, So 10–13 Uhr).

Carob Mill 🅑

In den Lagerhäusern hinter der Burg wurde eine aus den 1930er-Jahren stammende Johannisbrotmühle restauriert. Verschiedene Wandtafeln erklären den Verarbeitungsprozess der Johannisbrotkerne. Der oft für Events genutzte Komplex umfasst auch Austellungsräume, Restaurants und eine Mikrobrauerei.

Archäologisches Museum 🄲

Unter den Exponaten verdienen speziell die ausdrucksvollen Terrakotta-Figuren Beachtung, darunter Brotteigkneter und die Dame mit Korb, die an eine Waschfrau erinnert. Die Statue des gnomenhaften Bes, eines ägyptisch-mesopotamischen Gottes von enormer Hässlichkeit, wurde 1978 in der antiken Stadt Amathus gefunden (Lord Byron/Anastasi Sioukri, Limassol, Mo bis Fr 8–16 Uhr).

Zoo 🄳

Wenn die Stände des Weinfestes abgebaut sind, bleibt dem Stadtpark als Hauptattraktion noch die Tierwelt in Zyperns ältestem Zoo. Hier bietet sich die Gelegenheit, die in der freien Natur so scheuen Mufflons zu sehen. Nach einem grundlegenden Umbau und dem Verzicht auf Exoten erfüllt der Zoo heute alle EU-Standards (Lord Byron, Limassol, tgl. 9–16, im Sommer bis 19 Uhr).

Strände

Vor den Hotels im Osten der Stadt erstreckt sich ein schmaler Sandstreifen, der sich bis zu den Ruinen von Amathus zieht und an dem auch allerlei Wassersportmöglichkeiten angeboten werden. Schöner ist der weite Lady Mile's Beach im Westen der Stadt. Da der Strand im Gebiet der britischen Militärbasis liegt, sollte man den Ausweis nicht vergessen.

Info

Cyprus Tourism Authority (CTO)
Mo–Sa vormittags, Mo, Di, Do und Fr auch nachmittags geöffnet.
• Syntagmatos | Limassol
  Tel. 2536 2756
  www.limassoltourism.com

Verkehr

• **Busse:** Von der Haltestelle am Alten Hafen mit Intercity (www.intercity-buses.com) nach Nikosia. Larnaka und Paphos.
• Von der Busstation am Alten Krankenhaus mit Emel (www.limassolbuses.com) nach Platres und in die Dörfer der Umgebung. Der Stadtbus 30 verkehrt vom Neuen Hafen am Ufer entlang nach Amathus.
• **Servicetaxis:** Travel Express, Tel. 7777 7474, nach Nikosia, Larnaka, Paphos.

Hotels

Curium Palace €€
Nahe des Archäologischen Museums, mit kleinem Garten und eigenem Schwimmbad. 63 Zimmer mit Balkon.
• 11 Lord Byron | Limassol
  Tel. 2589 1100
  www.curiumpalace.com.cy

Kapetanios €
Familiäres Haus in Gehweite zu einem öffentlichen Strand. Geheizter Pool. Vorwiegend britische Gäste.
• 4–6 Pan. Symneou | Limassol
  Tel. 2558 6266
  www.kapetianosgroup.com

Restaurants

Aliada €€

Schick und angesagt: Vorspeisen vom
Buffet eröffnen das köstliche Menü.
Schließlich rollt der Dessertwagen an
und als Digestif gibt es einen *Tsivania*
(Tresterschnaps). Fr und Sa unbedingt
reservieren! Mo–Sa ab 20 Uhr.
• 117 Eirinis | Limassol
  Tel. 2534 0758

Ladas €€

Die urige Fischtaverne am alten Hafen
bewirtet ihre Gäste in den Räumen
eines alten Lagerhauses. Tgl. ab 12 Uhr.
• Agios Theklis | Limassol
  Tel. 2536 5760

Ousia €€

Eine angesagte Lounge mit Café und
Cocktailbar. Mediterrane Gerichte,

Limassol

0   250 m

Ⓐ Burg
Ⓑ Carob Mill

Ⓒ Archäologisches
   Museum

Ⓓ Zoo

Kinderkarte. Tgl. ab 10.30 Uhr, Küche durchgehend. **50 Dinge** ⑮ › S. 13.

• 30 Eirinis Ecke Jamiou | Limassol
  Tel. 2576 0072

Dino Bistro-Café
Café mit schick angerichteten Bistro-gerichten, Kunst an den Wänden, nettem Service, WLAN. Tgl. ab 8 Uhr.

• 137 Od. Gladstonos | Limassol
  Tel. 2576 2030 | www.dinobistro.com

Shopping
Im **Sea Sponges Centre** am Kreisverkehr vor dem Alten Hafen kann man Naturschwämme in allen Formen und Größen erstehen, zusätzlich Naturkosmetik und Produkte aus Olivenöl. **50 Dinge** ㊱ › S. 16.

Aktiv
Einige **Weinkellereien**, die sich im Westen an der Straße zum Hafen niedergelassen haben, veranstalten Führungen mit Verkostung. Nach den Terminen erkundigt man sich am besten im Hotel oder bei der Tourist-Information.

Nightlife
Die Gegend um die Burg ist das beste Ausgehviertel der Stadt. Diskotheken, Tavernen und Bars findet man auch im Vorort Potamos Germassogeias.

Ausflüge von Limassol

Amathus ⑭ [D6]
Limassols Hotelzone hat sich bis an den Rand des hellenistisch-römischen Ruinenfelds von Amathus ausgebreitet. Alle größeren Steine wurden im 19. Jh. für den Bau des Suezkanals nach Ägypten verschifft, sodass lange nur noch Fundamente zu sehen waren. Der Aphrodite-Tempel auf der Akropolis wurde rekonstruiert. Vor dem Amathus Beach Hotel kann eine Grabkammer besichtigt werden, östlich vom Hotel die frühere Agora und die Reste einer Basilika (tgl. 9–17, Mai bis Aug. bis 19.30 Uhr).

Governor's Beach ⑮ [E6]
Bizarr geformte weiße Sandsteinklippen und intime Badebuchten, die manchmal gerade nur Nischen in den Felsen sind, machen den Governor's Beach zu einem der schönsten Badeplätze an der Südküste. Tavernen bieten Snacks und preiswerte Mahlzeiten, auf einem weitläufigen, gepflegten Campingplatz verbringen auch Einheimische ihren Urlaub.

Restaurant
Thalassa €€
Überzeugt mit bester Lage am Strand und guter Küche.

• Governor's Beach | Limassol
  Tel. 2563 2314

Kolossi ⑯ ⭐ [C6]
Die **Johanniter-Burg** war seit dem 14. Jh. Mittelpunkt einer überaus rentablen Agrarfabrik, die den europäischen Markt mit Zucker und dem Dessertwein *Commandaria* belieferte. Bevor die Johanniter sich auf Rhodos niederließen, war Kolossi von 1291–1310 kurzzeitig Hauptsitz des Ordens, danach Zentrale der zyprischen Besitzungen.

Weiße Sandsteinklippen am Governor's Beach

Sein heutiges Aussehen bekam der wehrhafte Wohnturm im 15. Jh., als die Ordensritter sich gegen die drohenden Angriffe der Mamelucken und Osmanen wappneten.

Zuckerrohrmühle

In direkter Nachbarschaft zur Burg steht noch die wassergetriebene Zuckerrohrmühle. In der Halle mit dem charakteristischen Tonnendach wurde wahrscheinlich der Zuckersaft gekocht und in konische Tongefäße gegossen, in denen sich die Zuckerkristalle zu einer Masse verfestigten – dem heute noch bekannten Zuckerhut (tgl. 9–17, Mai bis Aug. bis 19.30 Uhr).

Cyprus Wine Museum 17 [C6]

An der Landstraße zwischen Kolossi und Kourion kurz hinter dem Ort Erimi widmet sich das Museum dem Weinbau und der Weinkultur auf Zypern. Derart auf den Ge-

schmack gebracht, kann man anschließend im rustikalen Museumsladen auch eine große Auswahl an Weinen kosten und kaufen (B6 km 42, tgl. 9–17 Uhr).

Kourion 18 ⭐ [C6]

Auf einer Klippe erwarten die Ruinen von Kourion die vielen Besucher vor dem Hintergrund der bezaubernden Küstenlandschaft. Es bietet sich an, den Rundgang mit einem Bad zu verbinden: Unterhalb der Ausgrabung liegt eine lang gezogene, von Klippen eingerahmte Badebucht mit graubraunem Sandstrand. Ihre Blütezeit erlebte die von achäischen Kolonisten gegründete Stadt unter den Ptolemäern und Römern. Nach wiederholten Überfällen wurde Kourion im 7. Jh. verlassen – heute ist es die nach den Mosaiken von Paphos attraktivste Ausgrabung im griechischen Teil Zyperns (an der B6, tgl. 8–17, Mai–Aug. bis 19.30 Uhr, Eintritt 4,50 €).

Die prachtvollen Bodenmosaiken in der Villa des Eustolios sind teilweise erhalten

Römisches Theater

Das Theater, in dem einst 3500 Zuschauer Platz fanden, wurde restauriert und ist Schauplatz von antiken und neuzeitlichen Dramen. Über die Jahrhunderte wurde die hellenistische Anlage wiederholt den Erfordernissen der Zeit angepasst. Anfang des 3. Jhs. brach man neue Zugangswege durch die Tribüne, entfernte die beiden unteren Sitzreihen und schirmte die Orchestra, die Vorbühne, mit einem Gitter ab: Danach konnten auch hier Schaukämpfe von Gladiatoren und wilden Tieren stattfinden. Hundert Jahre später wurden an der Stelle der Eisenstreben wieder Sitzreihen eingebaut. Im Juli/Aug. ist das Theater Spielstätte des »International Ancient Greek Drama Festival«, im Juni werden Shakespeare-Aufführungen geboten.

Villa des Eustolios

Die an das Theater angrenzende Villa begrüßt Besucher mit einem zeitlosen Spruch, der als »Tritt ein, bring Glück herein« zu übersetzen ist. Bauherr Eustolios errichtete sein mit prächtigen Bodenmosaiken geschmücktes Peristylhaus zu Beginn der christlichen Ära. Ganz sicher war er sich im neuen Glauben aber wohl nicht, denn in einer Inschrift wird Apollon erwähnt.

Die Mosaiken der Eustolios-Thermen stellen neben Vögeln, Fischen und einem Rebhuhn auch die Baukunst dar: Ktisis, das Symbol der Schöpfung, erscheint in Gestalt einer jungen Frau, die einen Maßstab von der Länge eines römischen Fußes hält.

Basilika

Die frühchristliche Basilika und der angrenzende Bischofspalast liegen am Nordwestende des Grabungsgeländes. Die um 400 unter Verwendung von Steinen aus älteren Gebäuden errichtete Kirche muss von verschwenderischer Pracht gewesen sein. An die drei Schiffe lehnten sich beidseits Längshallen an, aus denen die noch Ungetauften die Messe beobachten durften. Wer seine Vorbereitungszeit abgeschlossen hatte, der wurde im kreuzförmigen Becken des Baptisteriums getauft.

Römisches Forum

Zwischen Basilika und Straße erstreckt sich das römische Forum mit Resten öffentlicher Gebäude und den Thermen. An das Forum schließen sich Villen mit Bodenmosaiken und ein antikes Stadion an.

Heiligtum des Apollo Hylates

Anders als der seinerzeit weltbekannte Aphrodite-Tempel in Alt-Paphos hatte das Heiligtum nur regionale Bedeutung. Es liegt an der Hauptstraße hinter dem antiken Stadion. Apollon wurde hier seit dem 5. Jh. v. Chr. als Beschützer des Waldes und der Tiere verehrt. 365 n. Chr. zerstörte das große Erdbeben den Tempel. Der älteste und interessanteste Teil der Kultstätte ist das Baumheiligtum. In ein rundes Felsplateau von ca. 18 m Durchmesser sind sieben Löcher geschlagen, in denen heilige Bäume wuchsen. Drumherum führt ein gepflasterter Prozessionsweg, auf dem die Priester Rituale abhielten.

Für die Archäologen besonders aufschlussreich waren die Abfallgruben: Die Analyse von Aschenresten zeigte, dass als Tieropfer vor allem Lämmer dargebracht wurden. In einer Grube versenkten die Priester regelmäßig die Votivgaben der Pilger, für die es im Tempel keinen Platz gab: Tonfigürchen von Tieren oder betenden Menschen (tgl. 9–17, im Sommer bis 19.30 Uhr).

Restaurant

Taberna Agios Ermogenis €
Unterhalb der Ruinen lädt ein Kiesstrand mit mehreren schlichten Tavernen zur Rast. In der Taberna Agios Ermogenis im Eukalyptushain vor dem Eingang der Ausgrabung zerschlagen die Einheimischen spät abends bei guter Stimmung auch mal die Teller.

Pissouri 19 [B6]

Der Ort auf halber Strecke zwischen Limassol und Paphos bietet sich für eine Rast an. Er liegt auf einem Plateau 200 m hoch zwischen Küstenstraße und Meer. Sein Mittelpunkt ist ein mächtiger Gummibaum, in dessen Schatten man sich gut dem Müßiggang hingeben kann. Zum Ufer geht man zu Fuß etwa eine Stunde.

Hotels

Columbia Beach Resort €€€
5-Sterne-Wellnessoase im Stil eines mediterranen Bergdorfs mit gut ausgebautem Wellnessbereich, viel Wassersport und einem Fahrradverleih. Viele deutschsprachige Gäste.
• Pissouri Bucht | Limassol
Tel. 2583 3000
www.columbia-hotels.com

Bunch of Grapes Inn €
Elf einfache Zimmer gruppieren sich um einen schattigen Innenhof mit Weinlauben. Kein TV! Restaurant mit abwechslungsreicher Speisekarte.
• 9 Loannou Erotokritou
Pissouri | Limassol
Tel. 2522 1275
www.thebunchofgrapesinn.com

Restaurant

Pissouri Bay Café €€

Nettes Bistro mit gutem Essen
(Fischspaghetti!) und tollen Cocktails.
Di–Sa ab 12 Uhr, Sommer tgl. geöffnet.

• Ambeloniou
  Pissouri Bucht | Limassol
  Tel. 9901 6203

Nightlife

Im Sommer wird der Dorfplatz jeden
Mittwochabend zur Bühne eines »zyp-
rischen Abends« mit einheimischen
Tänzern und Folkloremusik.

Petra tou Romiou 20 [B6]

Petra tou Romiou, auch bekannt als
Aphrodite-Felsen, ist die schönste
Partie von Zyperns langer Küste.
Der strahlend weiße Kalk des Landes kontrastiert mit dem azurblau-
en Meer, und an den wie von Rie-
senhand im Wasser verstreuten
Felsen zerbrechen die Wogen zu
wild sprühender Gischt. Hier soll
Aphrodite dem Schaum des Meers
entstiegen sein und erstmals Zyperns Gestade betreten haben.

Anogyra 21 [B/C6]

Das gepflegte Bergdorf scheint wie
gemacht für Fotografen. Gleich am
Eingang steht die Ruine des Klosters
Timios Stravos mit der noch intak-
ten mittelalterlichen Kirche. Das
kleine Heimatmuseum gegenüber
der Dorfmoschee hat so gut wie nie
geöffnet. Über die Johannisbrot-
ernte und -verarbeitung informiert
der Showroom von Mavros Chrysos, einem kleinen Betrieb, der das
»schwarze Gold« zu Süßigkeiten
verarbeitet. Die in Handarbeit her-
gestellte, *Pasteli* genannte Leckerei
eignet sich auch gut als Mitbringsel.
50 Dinge ㉟ › S. 15.

Oberhalb des Dorfs kann man in
der Ölmühle Oleastro erfahren, wie

SEITENBLICK

Die Schaumgeborene

Herodot weiß in seiner Lehre von der Abstammung der Götter eine dramatische
Geschichte zu berichten: Dem Himmelsgott Uranos waren die Kinder, die er mit
seiner Gattin, der Erdgöttin Gaia, zeugte, zutiefst verhasst. Kaum waren sie geboren, stieß er die jungen Titanen wieder in den Mutterleib zurück. Doch Gaia wusste sich zu wehren. Sie schuf eine Sichel mit scharfen Zähnen und gab sie dem
Kronos, dem Mutigsten ihrer Söhne. Der wartete in einem Hinterhalt, bis der lüs-
terne Uranos wie jede Nacht zu Gaia herabstieg, und entmannte den Vater. Aus
dessen Blut gebar Gaia die Erinnyen (Rachegöttinnen) und die Giganten. Das ab-
getrennte Geschlecht des Uranos aber schleuderte Kronos ins Meer. Weißer
Schaum *(aphros)* trat aus, dem schließlich ein Mädchen entsprang: Aphrodite, die
Schaumgeborene. Sie schwamm zuerst nach Kythera, fand an der kargen Insel
aber wenig Gefallen und wandte sich Zypern zu. Der Liebesgott Eros und Himeros,
sein Doppelgänger namens Sehnsucht, wurden ihre unzertrennlichen Begleiter.

Handarbeit in Omodos, einem der schönsten Dörfer Zyperns

Olivenöl hergestellt wird und köstliches kalt gepresstes Olivenöl verkosten und erstehen (www.oleastro.com.cy). **50 Dinge** ③ › **S. 15.**

Omodos 22 ⭐ [C5]

Weiß gestrichene Häuschen mit blauen Türen, Weinlauben und gepflegter Blumenschmuck erinnern an die Kykladen. Auf blitzblanken Gassen stricken alte Frauen im Schatten von Maulbeerbäumen, schläfrige Katzen räkeln sich auf den Fenstersimsen. Der beschauliche Dorfplatz mündet auf das Kloster Timios Stavros, das einen Splitter vom Kreuz Christi als Reliquie bewahrt. An den Hängen dieses Weinorts wird sogar Riesling angebaut. Wer sich für Geologie interessiert, dem sei die gut zweistündige Wanderung von Omodos nach Kato Platres empfohlen. Unvermutet enden die Rebflächen mit der Talenge über dem Dorf, denn der helle Kalkstein, auf dem der Wein vorzüglich gedeiht, geht abrupt in bräunlich-grauen Lavatuff über. Diesen löst vulkanische Diabase (Grünstein) ab.

Louvaras 23 [D5]

Mitten auf dem Dorfplatz steht die Scheunendachkirche **Agios Mamas.** Den Schlüssel zu ihr erhält man beim Pfarrer. Wegen der Serien von Wandbildern aus der Hand des Renaissancemalers Philip Goul wurde sie lange als Kandidat für die UNESCO-Liste des Weltkulturerbes gehandelt. Besonders eindrucksvoll sind die Heil- und Wunderszenen auf der Südwand des Einraumgotteshauses.

DER WESTEN

Kleine Inspiration

- **Ins türkisblaue Wasser springen** an der geschwungenen Coral Bay › S. 87
- **Zyprische Spezialitäten genießen** im Restaurant Archontariki in Polis › S. 89
- **Durch das abgelegene Tal der Zedern wandern** auf der Halbinsel Akamas › S. 89
- **In das bäuerliche Leben vor 100 Jahren eintauchen** im Volkskundemuseum von Geroskipoú › S. 93

An der felsigen Westküste gibt es noch freie Lücken zwischen den Hotels. Besuchermagnet sind die Ausgrabungen von Paphos. Dank Umweltschützern präsentiert sich die Halbinsel Akamas als einsames Naturparadies.

Erstaunlich, dass der Fremdenverkehr Zyperns den damals noch unterentwickelten Westen erst in den 1980er-Jahren entdeckte, wartet doch Paphos mit den Ruinen einer römischen Stadt auf, einer der interessantesten archäologischen Stätten Zyperns. Die späte Entdeckung ersparte dem Westen manche Fehlentwicklung und Bausünde. Inzwischen hat er seinen eigenen Flughafen, der die Anreise von Europa deutlich verkürzt.

Polis, die von deutschen Urlaubern bevorzugte zweite Stadt der Region, wirkt beinahe noch wie ein Dorf, das abends die Bürgersteige hochklappt. Wie in Griechenland verdienen sich manche Einheimische mit dem Vermieten von Fremdenzimmern ein Zubrot. Auf der Halbinsel Akamas bleiben die am Lara-Strand brütenden Meeresschildkröten weiterhin ungestört. Für Wanderer lohnen sich die Tagestour durch die Avakas-Schlucht und die halbtägigen Naturlehrpfade bei den »Bädern der Aphrodite«, auf denen man im Frühjahr seltene Orchideen finden kann.

Das im Westen besonders milde Klima lässt in der Küstenebene bei künstlicher Bewässerung sogar Bananen reifen. Im hügeligen Hinterland gedeihen zwischen den Oliven- und Johannisbrothainen zuckersüße Weintrauben, aus denen örtliche Kellereien köstliche Weine gewinnen. Noch weiter oben weiden scheue Wildschafe im Schatten mächtiger Zedern in einem unerwartet ausgedehnten und einsamen Forst mit nur wenigen Straßen und ohne Siedlungen.

Oben: Der Ferienort Polis hat seinen dörflichen Charakter bewahrt
Links: Küste der Halbinsel Akamas

Touren in der Region

 Zyperns wilder Westen

Route: Paphos › Lempa › Coral Bay › Agios Georgios › Polis › Paphos

Karte: Seite 79, 82
Dauer: 1 Tag, 80 km
Praktische Hinweise:
- Die Tour unternimmt man am bequemsten mit dem Mietwagen.
- Wer die Steigungen nicht scheut, kann auch mit dem Rad fahren.
- Entlang der B7 müssen Sie mit Behinderungen durch den Bau der Autobahn Paphos-Polis rechnen.

Tour-Start:

Diese Fahrt führt Sie durch abwechslungsreiche Landschaft an die Nordküste in den Ferienort Polis. Verlassen Sie **Paphos** ❶ › S. 80 auf der Küstenstraße, vorbei an den **Königsgräbern** Ⓜ › S. 84. Die nächste Abfahrt auf der Landseite führt hinauf ins Künstlerdorf **Lempa** ❸ › S. 87. In **Coral Bay** ❹ › S. 87 verführt eine beliebte Sandbucht mit azurblauem Wasser zum Badestop. **Agios Georgios** ❺ › S. 87 wartet mit dem Bodenmosaik einer frühchristlichen Basilika auf. Über Pegeia und die aussichtsreiche Hochfläche Laona erreichen Sie schließlich das noch immer beschauliche Örtchen **Polis** ❾ › S. 89. Für den Rückweg bietet sich die schnelle Straße B 7 an.

 Akamas und das Bad der Aphrodite

Route: Polis › Loutra tis Aphroditis › Aphrodite-Trail › Polis

Karte: Seite 79
Dauer: Halber Tag, 30 km
Praktische Hinweise:
- Diese Tour ist ideal für Radler; mit dem Auto ist sie einfach.
- Sie beinhaltet zudem eine etwa 2,5-stündige Wanderung.

Tour-Start:

Von **Polis** ❾ › S. 89 führt die Straße über den Fischer- und Ferienort Latsi zum Landgut Potamos und endet dort auf dem Parkplatz vor einem großen Restaurant. Von da aus geht es nur noch zu Fuß weiter. Bereits nach wenigen Minuten erreicht der Pfad die in einem grünen Hain versteckten **Loutra tis Aphroditis** (Bad der Aphrodite) ⓫ › S. 90, wo sich der Überlieferung nach die Göttin von ihrem Geliebten Akamas verwöhnen ließ. Eine der schönsten Rundwanderungen, die Zypern zu bieten hat, bringt Sie auf dem von der Forstverwaltung angelegten Aphrodite-Trail über den Rastplatz Pyrgos tis Rigainas hinauf auf den Berg Moutti tis Sotiras mit seinem Panorama über die einsame Akamas-Halbinsel und die weit geschwungene Chrysochou-Bucht.

Durch den Paphos-Wald

Route: **Polis** › **Pachyammos** ›
Zederntal › **Stavros tis Psokas** ›
Lysos › **Polis**

Karte: Seite 79
Dauer: 1–2 Tage, 100 km
Praktische Hinweise:
• Am besten werfen Sie vor dem
Start dieser Mietwagentour einen
Blick auf die Tankuhr. Denn Sie
werden die meiste Zeit durch einen

menschenleeren Bergwald fahren,
in dem es weder ein Dorf noch eine
Tankstelle gibt.
• Beim Halt im Zederntal beobachten
Sie die Mufflons!

Tour-Start:

Folgen Sie von **Polis** 9 › S. 89 der
gut ausgebauten Küstenstraße E 704
Richtung Nordosten. Nach dem
Wallfahrtsort Pachyammos mit seiner neuen Pilgerkirche blockiert die
türkische Enklave Erenköy die Küs-
tenroute. Abrupt schwenkt die Stra-

Touren im Westen

Tour 5

Zyperns wilder Westen

Tour 6

Akamas und das Bad der Aphrodite

Tour 7

Durch den Paphos-Wald

Tour 8

Neue und alte Heiligtümer

ße jetzt landeinwärts und schlängelt sich hoch in den Paphos-Wald. Im Sommer treffen Sie dort vielleicht Köhler bei ihrem rußigen Handwerk. Im **Zederntal** 12 › **S. 90** wachsen die letzten Exemplare der windzerzausten Troodoszedern. In einem Gehege bei der Forststation **Stavros tis Psokas** können Sie die sonst extrem scheuen Mufflons beobachten. Auf dem Rückweg lädt das Dorfhotel von Lysos zum Essen auf seiner Aussichtsterrasse ein.

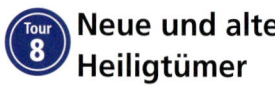

Neue und alte Heiligtümer

Route: Paphos › Agios Neofytos › Pano Panagia › Kouklia › Petra tou Romiou › Geroskipoú › Paphos

Karte: Seite 79
Dauer: 1–2 Tage, 120 km
Praktischer Hinweis:
• Die Tour erfordert einen Mietwagen; eine Übernachtung in Kouklia.

Tour-Start:

Erste Station ist das Kloster **Agios Neofytos** 13 › **S. 90**. Aus **Pano Panagia** 14 › **S. 91** stammte Zyperns Staatsgründer, Erzbischof Makarios. Das von Kirsch- und Apfelbäumen umgebene **Kloster Chrysorrogiatissa** › **S. 91** besitzt neben einer, so die Überlieferung, vom Apostel Lukas gemalten Ikone auch einen hervorragenden Weinkeller. Im zweiten Abschnitt der Rundfahrt besuchen Sie Stätten des Aphrodite-Kults: Das Heiligtum in **Kouklia** (Alt-Paphos) 15 › **S. 91** wurde einst in einem Atemzug mit Delphi und Olympia genannt. Am **Petra tou Romiou** 16 › **S. 92**, dem Fels der Griechen, soll die Göttin geboren worden sein. Hier bietet die abwechslungsreiche Felsküste Bademöglichkeiten in hübschen Buchten. In **Geroskipoú** 17 › **S. 92** gibt es in der Dorfkirche Agia Paraskevi neben Fresken des 12. und 15. Jhs., auch seltene Wandmalereien aus der Zeit des Bilderstreits zu sehen.

Unterwegs im Westen Zyperns

Paphos 1 [A5]

Was der kleinsten Bezirksstadt (40 000 Einw.) des griechischen Landesteils an natürlichen Stränden fehlt, das macht sie mit ihrem Kulturerbe wett. Auf Schritt und Tritt stolpert man über antike und mittelalterliche Ruinen, jede Baugrube bringt neue Überraschungen zutage. Der hübsche Fischerhafen mit der osmanischen Burg sucht seinesgleichen, und wenige Gassen landeinwärts von der verkehrsberuhigten Uferpromenade pulsiert das Nachtleben bis in die frühen Morgen. Die meisten Hotels stehen in bester Lage am Meer, lassen aber Platz für einen **Uferpfad,** auf dem man entlang der Westküste weit

Im Hafen von Paphos liefen einst die Schiffe von Venezianern und Kreuzrittern ein

über die Stadtgrenzen hinaus spazieren, skaten oder joggen kann.

Dabei ist Paphos deutlich zweigeteilt. Anders als die auf Urlauber ausgerichtete Unterstadt **Kato Paphos** hat sich die 3 km vom Meer auf einem Plateau angelegte Oberstadt **Ktima** mit einfachen Tavernen und Läden des täglichen Bedarfs ländliches Flair bewahrt. Am Stadtpark mutet das klassizistische Ensemble aus Gymnasium, Bibliothek und Rathaus – wohl noch aus der Kolonialzeit – wie der vergebliche Versuch an, aus Paphos eine Stadt zu machen.

Nea Paphos (Neu-Paphos), wie der Ort im Unterschied zum 20 km südöstlich gelegenen Aphrodite-Heiligtum von Palaia Paphos (Alt-Paphos) heißt, ist trotz seines Namens eine uralte Stadt. Archäologen vermuten, dass Nikokles, der letzte Priesterkönig von Alt-Paphos, um 320 v. Chr. Neu-Paphos anlegen ließ. Der Niedergang setzte in der Spätantike ein, doch war die Stadt selbst unter den Kreuzrittern und Venezianern noch bedeutend genug, um Sitz eines katholischen Bischofs zu sein. Francesco Contarini, der letzte Bischof, wurde bei der Eroberung Nikosias im Jahr 1570 von den Osmanen umgebracht.

Kastell Ⓐ

Das 1592 von den Türken errichtete Kastell beschützt den Fischerhafen. Daneben blieb von einer älteren Festung nur ein Steinhaufen übrig. Sie war 1570 von den Venezianern gesprengt worden, denen es an Truppen fehlte, um eine ständige Wachmannschaft unterhalten zu können (tgl. 8.30–17 Uhr, im Sommer bis 19.30 Uhr).

Archäologischer Park B ⭐

Nordwestlich des Hafens lag das Zentrum der römischen Stadt mit Verwaltungsbauten und großzügigen Villen. Erst 1962 entdeckte ein Bauer beim Pflügen zufällig ein antikes Bodenmosaik. Inzwischen haben die Archäologen noch weitere Mosaikbilder freigelegt, die zu den wichtigsten und gleichzeitig schönsten Sehenswürdigkeiten Zyperns gehören. Auch wer sich von Ruinen sonst wenig angesprochen fühlt, sollte sich diese lebensvollen Szenen, aus Tausenden von Steinchen zusammengesetzt, nicht entgehen lassen (Leoforos Apostolou Pavlou,

Ⓐ Kastell
Ⓑ Archäologischer Park
Ⓒ Haus des Dionysos
Ⓓ Haus des Theseus
Ⓔ Haus des Orpheus
Ⓕ Haus des Aion
Ⓖ Saranta Kolones
Ⓗ Odeon
Ⓘ Stadttor
Ⓙ Grotte der hl. Solomoni
Ⓚ Agia Kyriaki
Ⓛ Fabrika-Hügel
Ⓜ Königsgräber
Ⓝ Volkskundliches Museum
Ⓞ Byzantinisches Museum
Ⓟ Archäologisches Museum

Paphos
0   300 m

B20, Kato Paphos, tgl. 8.30–17, im Sommer bis 19.30 Uhr, 4,50 €).

In den Mosaikbildern im **Haus des Dionysos** Ⓒ steht auffallend oft der Weingott Dionysos im Mittelpunkt, nach dem die Ausgräber die Atriumvilla dann auch benannten. Ein anderes ausgesprochen beliebtes Thema der Darstellungen in den Bildfeldern sind mehr oder minder glückliche Liebschaften aus der Mythologie: Pyramus und Thisbe, Zeus und Ganymed, Narziss mit seinem Spiegelbild und andere Paare. Jagdszenen und geometrische Zeichen runden das Bildprogramm ab. **50 Dinge** ㉑ › **S. 14.**

Neben dem Haus des Dionysos haben polnische Archäologen das **Haus des Theseus** Ⓓ freigelegt, in dem vermutlich der römische Statthalter residierte. Das Mosaik von der Geburt und Waschung des Achill steht bereits unter christlichem Einfluss. Das runde Bildfeld in der Mitte zeigt den strahlenden Held Theseus als Sieger über den ihm zu Füßen liegenden Minotaurus. Unten symbolisiert ein Mann den Schauplatz des Kampfes, das Labyrinth, das als geometrisches Muster auch in der Umrandung auftaucht, und oben ermöglicht Ariadne ihrem Geliebten Theseus durch den Wollfaden die Rückkehr aus dem Labyrinth.

Die drei Mosaikfelder im **Haus des Orpheus** Ⓔ gleich neben dem Haus des Theseus stehen stilistisch den Mosaiken der Dionysos-Villa nahe. Hier ist unter anderem Orpheus dargestellt, der mit seiner Musik die wilden Tiere bezaubert.

Die Mosaiken im benachbarten **Haus des Aion** Ⓕ werden auf die Zeit nach 342 datiert und haben Geburt, Jugend und Triumphzug des Dionysos zum Thema. Vom Sujet her stehen sie zwar in der antiken Tradition, doch sind die Parallelen zur Lebensgeschichte Jesu nicht zu übersehen.

Die Festung **Saranta Kolones** (Burg der 40 Säulen) Ⓖ wurde von den Byzantinern aus den Resten antiker Bauten errichtet. Das Fort wurde 1222 durch ein Erdbeben zerstört. Im **Odeon** Ⓗ können heute mehr als 1000 Gäste ❗ Freiluftdarbietungen von Konzerten und Theaterstücken genießen. Die Hälfte der 25 im 2. Jh. am Hang der Akropolis angelegten Sitzreihen wurde restauriert. Auf das Dach, das die ehemaligen Zuschauer vor Sommersonne und Winterregen schützte, muss das heutige Publikum verzichten. Nordöstlich des Leuchtturms können Besucher auf der Krone der Stadtmauer spazieren gehen. Vom **Stadttor** Ⓘ führt eine Felsrampe an den Strand hinunter.

SEITENBLICK

Weltkulturerbe Mosaiken

Die Mosaiken sind vermutlich im 3. und 4. Jh. in Werkstätten in Alexandria entworfen und vorbereitet worden. Danach wurden sie mit dem Schiff nach Paphos gebracht und dort aus Tausenden winziger bunter Steinchen zusammengesetzt. Die Abbildungen sind von so großer Perfektion, dass sie von der UNESCO als Weltkulturerbe eingestuft werden.

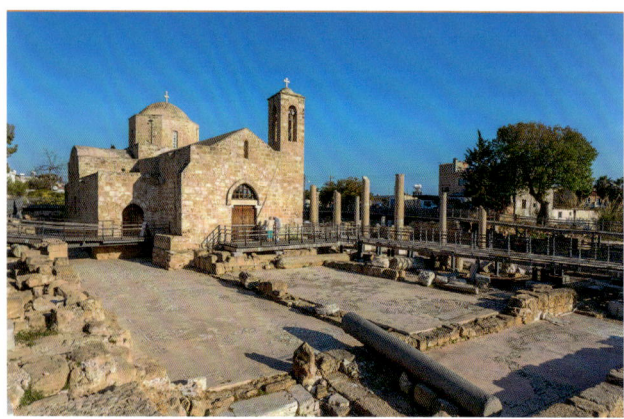
Die Agia Kyriaki im Ortszentrum stammt aus dem 13. Jahrhundert

Grotte der heiligen Solomoni ❶

Eine mächtige Terebinthe (ein Pistazienbaum) überschattet die Treppe zur Grotte. Die heilige Solomoni war im Jahr 168 aus Palästina nach Zypern geflohen und hatte sich in dieser hellenistischen Grabkammer niedergelassen. Eine Quelle auf dem Grund der Höhle soll Augenleiden lindern.

Agia Kyriaki ❶

Die schlichte Kreuzkuppelkirche Agia Kyriaki oder Agia Chrysopolitissa steht inmitten der Überreste einer 50 × 38 m großen fünfschiffigen Basilika. Diese war bei Ankunft der Kreuzritter offenbar schon zerstört, denn die Lateiner errichteten gleich nebenan ein neues gotisches Gotteshaus. Der Ort war wegen der **Paulus-Säule** für die Christen beider Konfessionen besonders wichtig. Nach der örtlichen Überlieferung wurde der Apostel Paulus während seiner ersten Missionsreise von den Juden festgenommen und an eben

dieser Säule ausgepeitscht. Die Apostelgeschichte in der Bibel weiß davon allerdings nichts, sondern erzählt (13, 4–12) nur, dass Paulus in Paphos einen Zauberer blendete und mit diesem Wunder den römischen Prokonsul Sergius Paulus bekehrte. Nördlich der Säule befinden sich die Fränkischen Bäder, das alte Badehaus der Stadt.

Fabrika-Hügel ❶

In die Felsen des Fabrika-Hügels wurden viele Gräber und unterirdische Kammern geschlagen. Im Mittelalter waren dort Baumwollspinnereien eingerichtet. Für Paare von Interesse ist vielleicht Agios **Agapetikos**, die Felskapelle der Verliebten an der Ostflanke des Hügels. Um den **Digenis-Felsen** an der Nordostseite des Fabrika-Hügels rankt sich eine bildreiche Legende.

Königsgräber ❶

Zu den etwas abseits gelegenen Königsgräbern fährt man am besten mit dem Stadtbus. Nicht Könige, aber doch die Mitglieder der ptolemäischen und römischen Oberschicht wurden in den aufwendigen, aus dem Felsgrund gearbeiteten Grabhäusern bestattet. Mit ihren von dorischen Säulen umgebenen Innenhöfen imitieren einige Gräber die Villen der Lebenden, dazwischen finden sich auch bescheidenere Katakomben und schlichte Schachtgräber (Leoforos Tafon ton Vasileon, Paphos, tgl. 8.30–17, im Sommer bis 19.30 Uhr, 2,50 €).

Museen in der Oberstadt

Sein **Volkskundliches Museum** Ⓝ verdankt Paphos dem verstorbenen Professor Georgios Elliades und seiner Frau, die vor allem Kunsthandwerk und Gegenstände aus dem Alltag der Bauern sammelten und in ihrem Haus der Öffentlichkeit zugänglich machen. Sehenswert ist die in einem antiken Felsengrab eingerichtete Hauskapelle (1 Exo Vrisis, Ktima Paphos, Mo–Sa 10 bis 17.30, So 10–14 Uhr).

Das **Byzantinische Museum** Ⓞ zeigt Ikonen vom 12–18. Jh. sowie liturgische Geräte und kunstvoll bestickte Messgewänder (5 Andrea Ioannou, 8010 Kitima Paphos, Mo bis Fr 9–15, Sa 9–13 Uhr).

Die Objekte des **Archäologischen Museums** Ⓟ reichen, ordnet man sie chronologisch, von jungsteinzeitlichen Grabbeigaben aus Lempa

Der Riese und die Königin

Digenis, mit dem zypriotische Eltern gern ihren ungehorsamen Sprösslingen drohen, ist ein Riese von ungeheurer Körperkraft. Er ist durchaus gutmütig, aber nicht mit sonderlich viel Verstand gesegnet – eine Art zyprischer Rübezahl. Er begegnet uns als Kämpfer gegen die Sarazenen, die er mit Felsbrocken ins Meer treibt oder erschlägt. Als Digenis sich einmal auf den Boden stützte, schuf der Abdruck seiner Hand das Beşparmak-(Fünffinger-)Gebirge.

Dort lebt die kluge und listenreiche Königin Regina (griechisch *Rigena*) in ihren prächtigen Gemächern tief im Fels unter den verfallenen Kreuzritterburgen und verwirrt mit ihrer atemberaubend schönen Erscheinung manchmal die Hirten. Wehe dem, der in ihre Schatzkammern einzudringen versucht! In Regina leben Aphrodite und die kleinasiatische Muttergöttin fort, von Maria hat sie den Heiligenschein.

Auch das Land um Paphos gehörte einst Regina, und der Fabrika-Hügel war ihr Palast. Als die Ebene von einer entsetzlichen Trockenheit heimgesucht wurde, bat sie Digenis, Wasser aus dem Gebirge herbeizubringen. Der gehorchte gern und erhoffte sich dafür die Hand der schönen Königin. Doch Regina beließ es bei einem artigen Dank für die Arbeit des Riesen und entfloh seinen Nachstellungen durch einen unterirdischen Gang, der Fabrika mit dem Aphrodite-Heiligtum in Alt-Paphos verband. Voller Zorn schleuderte Digenis einen Stein, den heutigen Fabrika-Hügel, nach ihrem Palast. Regina warf eine Spindel zurück, die sich zugleich in eine Granitsäule wandelte.

bis zu einem Renaissance-Balda-chin. Ungewöhnlich ist ein männ-lichen Körperformen angepasster Satz tönerner Wärmflaschen, viel-leicht handelt es sich dabei um eine Maßanfertigung für die Rheumabe-handlung eines reichen Römers. Die Sammlung wächst ständig um neue Stücke, die z.B. bei Bauarbei-ten freigelegt werden (Griva Digeni 43, Ktima Paphos, Mo–Fr 8–16, Mi 8–17, Sa 9–15 Uhr, 2,50 €).

Strände

Empfehlenswert zum Baden in Pa-phos ist das Strandbad Geroskipoú am Ende der Uferpromenade. Mit dem Badebus zu erreichen sind Sand- und Kiesstrände wie etwa die schöne Coral Bay › S. 87, sie liegen außerhalb an der Westküste.

Info
Cyprus Tourism Organisation (CTO)
Mo–Sa vormittags, Do in Ktima und Di, Fr in Kato Paphos auch nachmittags. Eine weitere Zweigstelle befindet sich am Flughafen.
• 8 Agora | Ktima
  Leoforos Poseidon 63 | Kato Paphos
  Tel. 2693 2841
  www.visitpafos.org.cy

Verkehr
• **Flughafen:** 7 km östl. der Stadt, Busverbindung nach Paphos und Coral Bay.
• **Bus:** Vom Busbahnhof Karavella in Ktima mit Intercity (www.intercity-buses.com) nach Limassol und Niko-sia; mit Osypa (www.pafosbuses.com) nach Polis und in die Dörfer der Um-gebung. Von der Busstation am Hafen Stadtbusse nach Coral Bay (Linie 615) und zum Waterpark (Linie 611).
• **Servicetaxi:** Travel Express, Tel. 7777 7474.

Hotels
Cypria Bay €€€
4-Sterne-Haus mit komfortablen Zimmern, Bungalows im Garten.
• Leoforos Poseidon | Paphos
  Tel. 2688 2688 | www.sentidohotels.de

Roman €€
Die Innengestaltung mit Wandmalereien orientiert sich an der römischen Antike.
• Agios Lamprianou | Paphos
  Tel. 2624 5411
  www.romanhotel.com.cy

Axiothea €
Familiär geführtes Haus für Individual-reisende, zentral doch ruhig gelegen. Zimmer mit schöner Aussicht.
• Ivis Malioti St. | Paphos
  Tel. 2623 2866
  www.axiotheahotel.com

Restaurant
Laona €
Familienbetrieb im Herzen der Altstadt. Zyprische Hausmannskost, ▮ auch Ein-heimische essen hier gern. Tgl. tagsüber.
• 6 Votsis | Ktima | Tel. 2693 7121

Shopping
Handicraft Centre
Unter staatlicher Aufsicht verkauft das Zentrum Handwerksprodukte aus der Region wie geflochtene Bastteller oder dekorierte Flaschenkürbisse. Mo–Sa 8–13, 16–19 Uhr, Mi/Sa nur vormittags.
• 64 Leoforos Apostolou Pavlou
  Paphos

Chlorakas 2 [A5]

Nördlich von Paphos, am Strand von Chlorakas, erinnern neben dem St. George Hotel ein Denkmal und ein **Bootsmuseum** an den zypern-griechischen Nationalhelden Georgios Grivas, der hier am 10. November 1954 landete und den blutigen Aufstand gegen die britische Kolonialmacht begann.

Lempa 3 [A5]

Angezogen von der kreativen Atmosphäre einer Kunstschule haben sich in Lempa zahlreiche Maler, Bildhauer und Töpfer niedergelassen › S. 28. Unterhalb des Dorfs wurden die Rundhäuser einer 4500 Jahre alten Siedlung rekonstruiert (Eintritt frei).

Coral Bay 4 [A5]

Die Feriensiedlung Coral Bay lockt Sonnenhungrige mit einem schönen Sandstrand. An der Spitze des Orts, der Halbinsel Maa, erinnert ein kleines Museum an die ersten griechischen Kolonisten auf Zypern (tgl. 8.30–16 Uhr).

Hotel

Thalassa Boutique Hotel & Spa €€€
Das Hotel verbindet legeren Luxus mit Top-Service. Alle Zimmer mit Meerblick, im mediterranen Stil eingerichtet. Das ganzheitlich orientierte Spa arbeitet nur mit Naturprodukten.
• Coral Bay | Paphos
  Tel. 2688 1500
  www.thalassa.com.cy

Agios Georgios 5 [A5]

Am **Kap Drepano** wacht die Wallfahrtskirche Agios Georgios am Rand der Steilküste über einen Fischerhafen mit kleinem Badestrand. **50 Dinge** 40 › S. 16. Samstags kehrt Leben in den sonst stillen, aus Kirche und drei Tavernen bestehenden Ort ein: Dann werden in Agios Georgios die Neugeborenen getauft, was immer einen Anlass für ein Fest gibt. Unvermählten, denen noch ein Partner oder eine Partnerin fehlt, um ihren Kinderwunsch zu verwirklichen, hilft in der byzantinischen Kapelle der Liebeszauber mit einer Kerze: dreimal den Namen des oder der Angebeteten aufsagen und dann das Wachslicht mit dem Docht nach unten wenden. Wenn es weiter leuchtet, winkt Liebesglück. Andernfalls kann man es ja nächste Woche erneut versuchen. **50 Dinge** 24 › S. 14.

Reste einer Basilika

Die Fundamente und Bodenmosaiken einer Basilika (tgl. 8.30–16, im Sommer bis 17 Uhr) gegenüber der Kirche beweisen, dass auf dem Plateau in der Spätantike eine Stadt lag, über deren Schicksal jedoch kaum etwas bekannt ist. Ihre Toten begruben die Bewohner in Felsengräbern neben der Treppe zum Kai.

Schildkrötenstrand

Nördlich von Agios Georgios säumt den Küstenweg ein Strand, an dem die Karetta-Schildkröten ihre Eier ablegen. Man sollte hier zwischen Mai und August auf keinen Fall mit dem Wagen direkt ans Ufer fahren.

60 m hohe Felsen: Avakas-Schlucht

Shopping

Auf einem Markt werden samstags Geschenke und Votivgaben verkauft.
50 Dinge (24) › S. 14.

Die Avakas-Schlucht 6 ⭐ [A5]

Eine der schönsten Wanderungen auf der Insel führt durch die Avakas-Schlucht. Nur um die Mittagszeit dringt die Sonne bis **!** auf den selbst im Sommer kühlen Grund der steilen und sehr schmalen Klamm vor, wo der Weg streckenweise in der Mitte des aus den Felsen gespeisten flachen Bachs verläuft. Der schönste Abschnitt endet etwa eine halbe Stunde nach dem Parkplatz.

Restaurant

Viklari The Last Castle €
Man speist unter einem grünen Dach aus Weinranken in toller Aussichtslage zwischen Avakas-Schlucht und Küste.
• Auf der Anhöhe
  1 km vor der Avakas-Schlucht
  Tel. 9948 9000

Bäder des Adonis 7 [A5]

Von Kathikas aus lockt eine Fahrt südwärts zu den Bädern des Adonis: Über mehrere Wasserfälle und natürliche Becken bahnt sich der Mavrokolympos seinen Weg Richtung Meer. Ein Mühlenbesitzer hat die Chance genutzt und die Wasserfälle zu einem Ausflugsziel mit Gartenwirtschaft entwickelt. **50 Dinge** (9) › S. 12.

Drouseia 8 [A4]

In der Region Laona bemühen sich die Dörfer rund um **Drouseia** mit Unterstützung der EU um sanften Tourismus. Die Schule am Kirchplatz von **Kathikas** wurde zu einem Kulturzentrum umgebaut. Eine Broschüre des Fremdenverkehrsamts verzeichnet Bauernhäuser, die zu Ferienwohnungen umgebaut wurden. Wer eine Wanderung nach Arodes im Sinn hat, sollte sich einer Gruppe anschließen.

Restaurant

Farmyard €€
Zyprische, britische und fernöstliche Küche, **!** toller Blick von der Terrasse.

- 14 Kato Vrysi | Kathikas
  Tel. 7000 9696 | Mo Ruhetag
  www.farmyard-restaurant.com

Polis 9 ⭐ [A4]

Der Ort (3500 Einw.) war lange ein Geheimtipp für jüngere Individualtouristen. Hier fehlen große Hotelanlagen, und Gäste haben die auf der Insel seltene Chance, in kleinen Pensionen und Privatzimmern zu wohnen. Doch auch in Polis Chrysochou, der Stadt des goldenen Landes, wie sie amtlich heißt, wurden inzwischen Bungalowanlagen gebaut, der beschauliche Hauptplatz und die Dorfstraße zur Fußgängerzone aufpoliert, Segler vertäuen ihre Boote an der Marina. Kilometerweit zieht sich der zumeist kiesige Strand nach Westen.

Bei Ausgrabungen gemachte Funde aus dem antiken Polis, dem einstigen Marion, zeigt das **Archäologische Museum** (26 Leforos Makariou III, Polis, Mo–Fr 8–16, Sa 9–15 Uhr, 2,50 €).

Info

Cyprus Tourism Organisation (CTO)
- Pl. Vasileos Stasisoikou | Polis
  Tel. 2632 2468 | Mo–Fr 9–16 Uhr

Verkehr

- **Bus:** Osypa, www.pafosbuses.com, fährt vom Platz vor der Tourist-Information nach Paphos.

Hotels

Natura Beach €€
Das ❗ umweltbewusst geführte Hotel liegt etwas außerhalb ruhig am Strand.

In der Hauptsaison werden geführte Wanderungen und naturkundliche Vorträge angeboten.
- Polis | Tel. 2632 3111
  www.natura.com.cy

Bougainvillea €
Zentrum und Strand liegen ca. 5 Gehminuten entfernt. Familienfreundliche Apartments und Pool in einer gewachsenen Gartenanlage.
- Polis | Tel. 2681 2250
  www.bougainvillea.com.cy

Restaurant
Archontariki €€€
Der in Frankreich geschulte Gourmetkoch Harris Makriloukas verwöhnt seine Gäste mit veredelter zyprischer Hausmannskost. Tgl. ab 19 Uhr, Fr Livemusik.
- Leforos Makariou
  Polis
  Tel. 2632 1328
  www.archontariki.com.cy

Halbinsel Akamas 10 [A4]

Hier an der Nordwestspitze Zyperns hat sich ein kleines Naturparadies erhalten, in dem Wanderer auf Orchideen und andere seltene Pflanzen treffen. Der britischen Armee, die auf Akamas früher Artillerieübungen durchführte, und Umweltschutzgruppen ist es zu verdanken, dass die Halbinsel bisher nicht weiter erschlossen wurde. Ihr Versprechen, das Gebiet zum Nationalpark zu erklären, hat die Regierung bisher allerdings noch nicht eingelöst. **50 Dinge** ④ › S. 12. **50 Dinge** ㉙ › S. 15.

Die Halbinsel Akamas

Loutra tis Aphroditis 11 [A4]

Hier habe sich die Göttin von ihrem Geliebten Akamas, so sagt man, verwöhnen lassen. Ein (verbotenes) Bad in den Teichen schenkt Schönheit und lange Jugend, weiß der Volksmund, und wer aus der Quelle trinkt, wird sich bald verlieben. Der gut ausgeschilderte **Aphrodite-Trail** (2½ Std.) leitet ❗ auf Aphrodites Spuren weiter ins Innere der Halbinsel. Am Pyrgos tis Rigainas, einer Klosterruine mit uralter Eiche, soll das Liebespaar gern gerastet haben.

Hotels

Anassa €€€
❗ 5-Sterne-Komfort in exklusiver Abgeschiedenheit.
• Zwischen Latsi und Akamas
  Tel. 2688 8000 | www.anassa.com.cy

Aphrodite Beach €€
Am Rand des Akamas-Naturparks gelegenes Familienhotel.

• Tel. 2632 1001 | Polis
  www.aphroditebeachhotel.com

Restaurant

Porto Latsi €€
Das Fischrestaurant residiert in den Räumen eines ehemaligen Lagerhauses beim Hafen.
• Am Strand von Latsi
  Tel. 2632 1529

Tal der Zedern 12 [B4]

Im Zederntal wächst Zyperns letzter Bestand an endemischen Troodoszedern, die sonst praktisch ausgerottet sind. Die der Libanonzeder ähnlichen Bäume können älter als 600 Jahre werden. Zypern war noch in der Antike von Zedernwäldern bedeckt. Im Tal leben auch noch die scheuen Mufflons, Zyperns Wappentiere. Sie bekommt man allerdings ohne Fernglas und langes Ansitzen kaum zu Gesicht. Leichter hat man es an der Forststation **Stavros tis Psokas**.

Hotel

Resthouse Stavros tis Psokas €
Sehr einfache Unterkunft mit insgesamt 12 Betten Eine vorherige telefonische Anmeldung wird empfohlen.
• Tel. 2699 1858

Agios Neofytos 13 [A5]

Es geht die Mär, dass dem reiselustigen heiligen Neofytos 1159 bei der Einschiffung nach Palästina noch in Paphos die Reisekasse gestohlen wurde. Unversehens arm wie eine Kirchenmaus, sah Neofytos seine Notlage als einen Wink des Herrn und wurde Einsiedler. Als Ort für seine Klause, in der er die nächsten 65 Jahre verbringen sollte, wählte er eine Quelle am Ausgang eines bewaldeten Tals. Ein Jahr lang war Neofytos damit beschäftigt, mit einfachen Werkzeugen in die Steilwand über dem heutigen Kloster eine Höhle zu schlagen. 1170 übernahm er auf Bitten des Bischofs von Paphos einige Schüler, zeigte sich aber bald vom Klosterbetrieb angewidert. Der Heilige baute weiter oben eine zweite Höhle, aus der er durch einen Schacht der Liturgie in der alten Grotte folgen konnte, ohne dabei seinen Mitbrüdern begegnen zu müssen.

Auf die verputzten Wände der Klause wurden noch zu Lebzeiten des Heiligen prächtige Malereien aufgetragen. Zwei Szenen zeigen Neofytos selbst. Einmal schwebt er mit gekreuzten Armen von Engeln getragen gen Himmel, in der anderen Darstellung kniet er zu Füßen des von Maria und Johannes flankierten Christus. In mönchisch-asketischer Tradition stehen die Fresken der verdrießlich dreinschauenden Heiligen auf der Westwand. Ganz anders die eleganten Figuren in der Apsis: Dort waren Maler aus dem Umfeld des Kaiserhofes in Konstantinopel am Werk. Die jüngsten Bilder wurden 1503 bei einer Renovierung aufgetragen und zeigen wiederum einen eher schlichten, volkstümlichen Stil. Das sehenswerte, moderne **Klostermuseum** sollte man nicht versäumen (April–Okt. tgl. 9–13, 14–18 Uhr, im Winter tgl. bis 16 Uhr).

Pano Panagia 14 [B5]

In dem staatlichen Winzerdorf wurde im August 1913 Zyperns Staatsgründer Erzbischof Makarios geboren. Das ärmliche **Makarios-Geburtshaus** kann besichtigt werden, ebenso eine Gedenkstätte mit Fotos, Büchern und anderen Erinnerungsgegenständen (Ethnar. Makariou III, tgl. 9–13, 14–16 Uhr).

Chrisorrogiatissa-Kloster

Etwas außerhalb steht seit dem 12. Jh. das Kloster Chrisorrogiatissa mit seiner wundertätigen Lukas-Ikone. Die hervorragenden Weine aus der Klosterkellerei, z. B. der trockene Weiße Agios Andronikos, gedeihen ganz offensichtlich mit göttlichem Segen.

Aphrodite-Tempel in Kouklia 15 ⭐ [B6]

Am Rand des Dörfchens Kouklia (Alt-Paphos) stehen die spärlichen Reste von Zyperns bedeutendstem Aphrodite-Heiligtum. Von den ältesten, noch aus der Bronzezeit stammenden Bauteilen beeindruckt in der Südwestecke eine Zyklopenmauer, deren Steine von Bauern und Glücksrittern auf der Suche nach dem mythischen Schatz der Göttin vielfach durchlöchert wurden. In Gestalt eines konischen schwarzen Steins, der im Museum ausgestellt ist, verehrten die Gläubigen in Alt-Paphos schon im 2. vorchristlichen Jahrtausend eine Muttergottheit, die später mit der babylonisch-phönizischen Ischtar und dann mit Aphrodite verschmolz (tgl. 9–17, Sommer bis 19.30 Uhr).

Über die geheimnisvollen Zeremonien (Aphrodisien), mit denen die Pilger den Segen der Göttin beschworen, ist nur wenig bekannt. Die Beteiligten hatten absolutes Stillschweigen zu wahren, und so bleibt vieles der Fantasie überlassen. Bei der Kultfeier wiederholten Oberpriesterin und Oberpriester die mythische Vereinigung der Aphrodite mit Kinyras, dem Gründer des Heiligtums. Gleichzeitig widmeten sich die Priesterinnen den Pilgern. Herodot zieht Parallelen zur babylonischen Tempelprostitution. Nach anderen Berichten musste sich jede Paphiotin nach Aphrodites Gebot vor ihrer Hochzeit in den Tempel begeben und sich hier von einem Pilger entjungfern lassen. Unabhängig von ihrem Wahrheitsgehalt waren die erotischen Geschichten für die (männlichen) Pilger sicher ein Anreiz, die Reise zum Aphrodite-Heiligtum zu unternehmen.

Archäologisches Museum

Archäologische Funde aus dem Aphrodite-Heiligtum sind im angrenzenden Gutshof **La Covokle** ausgestellt. Wie Kolossi › **S. 70** war das kleine Landgut Mittelpunkt einer Zuckerplantage. Über der langen Halle im Untergeschoss des Haupthauses wurde ein Museum eingerichtet, das nur wenige, aber gut präsentierte Objekte zeigt. Ins Auge fällt eine gewaltige, 2000 Jahre

alte Badewanne ohne Abfluss. Ein Modell veranschaulicht den persischen Angriff auf Alt-Paphos im Jahr 498 v. Chr.: Die Perser schütteten vor dem Graben der Stadtmauer eine Rampe auf, von der herab sie die Verteidiger mit einer Steinschleuder (der ersten bekannten der Weltgeschichte) angreifen konnten. Die Paphioten versuchten, letztlich vergeblich, die Rampe zu unterminieren und die Belagerungsmaschine in Brand zu setzen (tgl. 9–17, Sommer bis 18.30 Uhr, 4,50 €).

Hotel

Aphrodite Hills Hotel €€€
Große, aber attraktive Anlage mit Golf- und Wellnessangeboten.
• Leoforos Theas Afroditis
  Kouklia | Tel. 2682 9000
  www.aphroditehills.com

Petra tou Romiou 16 [B6]

Die Küste südwestlich von Kouklia bietet schöne Badegelegenheiten. Am Felsen Petra tou Romiou soll Aphrodite dem Meer entstiegen sein › **Seitenblick S. 74**. Nach einer anderen Legende wehrte der byzantinische Held Digenis mit dem ins Meer geschleuderten Brocken den Angriff einer arabischen Flotte ab

Geroskipoú 17 [A5]

An der Straße nach Limassol ist Geroskipoú beinahe noch ein Vorort von Paphos. Der Dorfname bedeutet »Heiliger Hain« – hier dürften

Leuchtende Fresken erwarten den Besucher der Kirche Agia Paraskevi in ihrem Inneren

die Pilger auf ihrem Weg vom Hafen Paphos zum Aphrodite-Heiligtum gerastet haben. Von diesem Idyll blieb dem unter dem Durchgangsverkehr leidenden Dorf kaum etwas erhalten. **50 Dinge** ㊳ › **S. 16.**

Agia Paraskevi ⭐

An der Platia steht eine der ältesten Kirchen Zyperns, die Agia Paraskevi. Ihr Grundriss entspricht einem Kreuz, fünf Kuppeln bilden das Dach. Bei Restaurierungsarbeiten im Innenraum wurden unter Fresken des 12. und 15. Jhs. auch Wandmalereien entdeckt, wie sie während des Bilderstreits (728–843) üblich waren. Demnach wurde die Kirche spätestens im 9. Jh. erbaut. Ungewöhnlich ist die Platzierung der Gottesmutter in der Zentralkuppel, denn an dieser Stelle sieht der Kanon der byzantinischen Kirchenmalerei Christus Pantokrator vor (Mo–Sa 8–13, 14–16 Uhr; im Sommer bis 17 Uhr, Eintritt frei).

Volkskundemuseum

In der Nähe befindet sich ein Volkskunstmuseum. Das 200 Jahre alte Haus des Konsularagenten Hadji Smith Zymboulakis zählt zu den schönsten Beispielen ursprünglich traditioneller Dorfarchitektur. Man sieht nicht nur die üblichen Bauernmöbel und geschnitzten Truhen, die Kleidungsstücke und Haushaltsgeräte früherer Generationen, sondern lernt anhand von Werkstätten und einer auch deutsch verfassten Beschreibung die Kunst der Seiden- und Baumwollspinnerei und die Leinenherstellung kennen (tgl. 8.30 bis 16, im Sommer bis 17 Uhr).

Restaurant

Seven Saint Georges €
Ein kochender Philosoph überrascht mit handwerklich perfekter Regionalküche. Nur abends geöffnet, Mo Ruhetag.
50 Dinge ⑫ › **S. 13.**
• 37 Anthypolochagou Georgiou Savva Geroskipoú | Tel. 2696 3176

DAS INLAND

Kleine Inspiration

- **Sich über die Pflanzenwelt im Troodos-Gebirge informieren** im Troodos Visitor Center › S. 101
- **Frisch zubereitete Konfitüre und das betörend duftende Blütenöl von Rosenfeldern genießen** in Agros › S. 105
- **Den Blick auf den Lythragkomi-Mosaiken ruhen lassen** im Museum für byzantinische Kunst in Lefkosia-Nikosia › S. 111
- **Sich in einem orientalischen Badehaus massieren lassen** in Lefkoşa-Nikosia › S. 115
- **Die Geschichte des zypriotischen Nationalhelden Grigoris Afxentiou kennenlernen** im Kloster Agios Machairas › S. 116

Wenn Zyperns Küsten in der Sommersonne schwitzen, fliehen die Einheimischen in die Ferienorte im Troodos-Gebirge. Im Landesinneren liegt auch Zyperns Hauptstadt Nikosia, die letzte geteilte Großstadt Europas.

Die wenigen Ausländer, die man auf den Wanderwegen oder in den Dörfern des Troodos trifft, machen meist nur einen Tagesausflug im Mietwagen von der Küste. Dabei gibt es etwa in Pano Platres, Kakopetria oder in Agros komfortable Hotels. Auch im Winter lockt der Troodos, denn die Schlepplifte summen. Das ganze Jahr hindurch haben die Klöster Saison. Besonders in Kykko wird im sonntäglichen Akkord getauft, geheiratet oder einfach nur die Ikone geküsst und gebetet. Zehn Troodos-Kirchen, die mit ihren eigentümlichen Satteldächern von außen eher an Scheunen erinnern, hat die UNESCO wegen ihrer byzantinischen Fresken und Wandbilder als »Stätten des Weltkulturerbes« ausgezeichnet.

In der Hauptstadt Nikosia kann man dank dem Grenzverkehr zwischen dem türkischen und dem griechischen Teil auf der alten Hauptstraße, der Ledra Street, wieder vom einen Stadtteil in den andern spazieren. Ein mächtiger, mit Gräben und Bastionen verstärkter Wall umgürtet die historische Altstadt, die sich zu Fuß erkunden lässt. Ein Tag dürfte genügen, um hüben wie drüben das Wesentliche zu besichtigen. Das Nationalmuseum, die orthodoxe Kathedrale und die Hauptmoschee gehören dazu. Vorschläge für zwei Rundgänge finden Sie auf › **S. 98/99.**

Oben: Klosterkirche Nikolaos tis Stegis
Links: Nikosia – Zyperns geteilte Hauptstadt

Touren in der Region

 Rund um den Olymp

Route: Pano Platres › Troodos › Kakopetria › Prodromos Junction › Trooditissa › Pano Platres

Karte: Seite 97
Dauer: 1 Tag, 60 km
Praktischer Hinweis:
- In den Sommermonaten sollte man sehr früh aufbrechen.

Tour-Start:

Die Runde um Zyperns höchsten Berg startet in **Pano Platres** 1. Erste Station ist der Ausflugsort **Troodos** 2 › S. 101. In **Kakopetria** 4 › S. 102 besuchen Sie die Scheunen-dachkirche Agios Nikolaos tis Stegis › S. 103. Auf dem Rückweg laden oberhalb von Prodromos Tavernen zu einer Pause ein. Wer mit dem Rad fährt: 8 km der Tour verlaufen auf ungeteertem Forstweg; der Rest auf der Autostraße. Kondition erfordern die 900 Höhenmeter. Räder gibt es bei www.mountainbikecyprus.com.

Weinlese im Troodos-Gebirge

 Natur erleben im Troodos-Gebirge

Route: Pano Platres › Troodos › Marathasa-Tal › Kloster Kykko › Pano Platres

Karte: Seite 97
Dauer: 1–2 Tage, 70 km
Praktischer Hinweis:
- Am Wochenende, wenn die Zyprer mit Kind und Kegel das Kloster Kykko besuchen, geht es dort be-sonders lebhaft und lebendig zu.

Tour-Start:

Dank der in der Kolonialzeit begon-nenen Aufforstungen ist Zypern die waldreichste Insel des Mittelmeeres. In den Wäldern des Troodos-Gebir-ges gibt es rund um den Olymp eine Reihe von Naturlehrpfaden. Von **Plano Platres** 1 › S. 100, geht es zu-nächst nach **Troodos** 2 › S. 101, wo das Troodos Visitor Center Ein-blicke in das Gebiet gibt. Durch das für seine Kirschblüte (Anfang April) und die knackigen Früchte be-kannte **Marathasa-Tal** 5 › S. 104 geht es durchschatteten Wald zum glanzvoll ausgestatteten **Kloster Kykko** 6 › S. 105, das abgeschieden in einem Pinienhain auf 1140 m Höhe liegt. Es ist Zyperns mächtig-stes und reichstes Kloster. Auf der Rückfahrt kann man in Prodromos einkehren.

Scheunen-kirchen im Troodos-Gebirge

Route: Troodos › Kakopetria › Panagia Asinou › Lagoudera › Stavros tou Agiasmati › Troodos

Karte: Seite 97
Dauer: 1–2 Tage, 120 km

Praktischer Hinweis:

• Sie können die Kirche Stavros tou Agiasmati auch zu Fuß besuchen. Ein Forstweg zweigt 1,5 km südlich des Stausees Fraktis tou Xyliatou von der E707 ab und bringt Sie in knapp einer halben Gehstunde zur äußerlich unscheinbaren Kirche.

Tour-Start:

Diese Tour führt zu den vier bedeutendsten Kirchen Zyperns, die von

Touren im Inland I

Tour ⑨

Rund um den Olymp

Pano Platres › Troodos › Kakopetria › Prodromos Junction › Trooditissa › Pano Platres

Tour ⑩

Natur erleben im Troodos-Gebirge

Pano Platres › Troodos › Marathasa-Tal › Kloster Kykko › Pano Platres

Tour ⑪

Scheunenkirchen im Troodos-Gebirge

Troodos › Kakopetria › Panagia Asinou › Lagoudera › Stavros tou Agiasmati › Troodos

der UNESCO mit dem Prädikat Weltkulturerbe geadelt wurden: Agios Nikolaos tis Stegis bei **Kako-petria 4** › S. 102, **Panagia Asinou 10** › S. 106 bei Nikitari, Stegis Panagia tou Araka in **Lagoudera 8** › S. 105 und **Stavros tou Agiasmati 9** › S. 106. Ihren überhängenden Dächern verdanken sie die Bezeichnung Scheunenkirchen. Die wertvollen Innenmalereien schildern die für den Glauben der Ostkirche zentralen Begebenheiten aus dem Alten und Neuen Testament sowie dem Leben der Heiligen. Von allen Kirchen aus kann man lohnende Wanderungen durch die Wälder des Troodos unternehmen. Schon die Suche nach dem Priester mit dem Kirchenschlüssel

kann zu mancher unerwarteten Einladung führen, bei der die Zeit schnell vergessen wird.

Tour 12 Unterwegs in der Altstadt von Nikosia

Route: **Eleftherias-Platz › Laiki Geitonia › Ledra-Straße › Ömeri-ye-Moschee › Agios Ioannis › Famagusta-Tor › Chrysaliniotissa**

Karte: Seite 111
Dauer: 1½ Std. Gehzeit, 3,5 km
Praktische Hinweise:
• Mit dem Besuch des Nationalmuseums (Mo geschl.) und des Museums für byzantinische Kunst (So geschl.) ergibt der Rundgang ein Tagesprogramm. Im Sommer sollte man früh aufbrechen und die Mittagshitze im Museum verbringen.

Tour-Start:

Den Charme der Gassen und Mauern von **Nikosia 11** › S. 107 erleben Sie am besten zu Fuß. Der Spaziergang durch den griechischen Stadtteil beginnt am Eingang zur Altstadt, der Plateia Eleftherias, die gerade nach den Plänen der Stararchitektin Zaha Hadid völlig umgekrempelt wird. Vom Touristenviertel **Laiki Geitonia B** › S. 109 geht es den Stadtwall entlang zur »Grünen Linie«, die als Grenze mitten durch die Altstadt gezogen wurde. Sie flanieren auf der Ledra-Straße mit ihren Geschäften und besuchen interessante Sehenswürdigkeiten wie die

Touren im Inland II

Ömeriye-Moschee › S. 110 und die Bischofskirche des Evangelisten Johannes › S. 110. Das **Famagusta-Tor** › S. 112 wird gern für Ausstellungen genutzt. Der Spaziergang endet am Chrysaliniotissa Crafts Centre › S. 113. Für die Rückfahrt zum Ausgangspunkt gönnen Sie sich ein Taxi.

kleine Arabahmet-Viertel mit seinen typischen Erkerhäusern gibt einen Eindruck von der Wohnkultur. Hier haben sich gegen Ende des 19. Jhs. wohlhabende Familien ihre Häuser errichtet. Die Muslime machten 1570 aus der gotischen **Sophienkathedrale** › S. 115 ihre Hauptmoschee.

 Osmanische Kultur in Lefkoşa

Route: Girne-Tor › Mevlevi Tekkesi › Atatürk-Platz › Büyük Han › Arabahmet-Viertel › Sophienkathedrale / Selimiye-Moschee › Girne-Tor

Karte: Seite 111
Dauer: 1 Std. Gehzeit, 2,8 km
Praktischer Hinweis:
• Wenn Sie zu Fuß vom griechischen Teil Nikosias kommen, steigen Sie gleich nach dem Checkpoint Ledra-Straße in die Runde dieses Stadtspaziergangs ein.

Tour-Start:

Dieser Rundgang macht Sie mit dem türkischen Teil der Altstadt von **Nikosia** › S. 107 bekannt, in dem die meisten Baudenkmäler aus der osmanischen Zeit stehen. Sie besuchen das zum Museum gewordene **Derwischkloster** › S. 113 und die restaurierte Karawanserei **Büyük Han** › S. 115. Von den Cafés am zentralen **Atatürk-Platz** › S. 113 erleben Sie das gemächliche Treiben. Das relativ

 Klöster und Königsgräber

Route: Nikosia › Tamassos › Agios Machairas › Fikardou › Nikosia

Karte: Seite 98
Dauer: Halber Tag, 50 km
Praktischer Hinweis:
• Für diese Tour benötigen Sie einen Mietwagen. Es fahren keine Busse.

Tour-Start:

Den Auftakt der Thementour bilden die Königsgräber von **Tamassos** **12** › S. 116. Im **Kloster Machairas** **13** › S. 116 können Besucher mit den Gedenkstätten für den Freiheitshelden Afxentiou auch eine Vorstellung von der politischen Rolle der Kirche bekommen. Wanderer, die statt mit dem Mietwagen mit dem Taxi gekommen sind, können in einem halben Tag durch das Pediaıos-Tal zurück nach Tamassos gehen. Autofahrer schlängeln sich noch ein Stück durch die Serpentinen zum Museumsdorf **Fikardou** **14** › S. 117 hinauf, das unter Denkmalschutz steht und einen Einblick in das früher beschwerliche Leben der Bergbauern vermittelt.

Unterwegs im Inland Zyperns

Das Troodos-Gebirge [C5]

Als geologisch altes Gebirge ähnelt der Troodos mehr dem Schwarzwald als den Alpen, ist eher sanft gerundet als steil. Ein bewaldeter Höhenzug nach dem anderen taucht bei der Fahrt durch das Gebirge auf, bis man endlich freien Blick auf das Meer oder auf die Mesaoria-Ebene hat.

Vor etwa 20 Mio. Jahren, im Miozän, schob der Druck der Kontinentalplatten das Troodos-Gebirge an die Oberfläche des großen Ozeans, der damals die Stelle des Mittelmeers einnahm. Wind und Wetter haben die weichen Sedimentgesteine abgetragen und den mächtigen Kern des Gebirgsstocks aus magmatischen Gesteinen freigelegt. Für Geologen ist der Troodos, der sich mit dem **Olymp** (auch Chionistra) bis 1951 m hoch erhebt, deshalb geradezu ein Bilderbuch der Erdgeschichte. **50 Dinge** (7) › S. 12.

In den abgelegeneren Bergdörfern leben wochentags und auch im Winter gerade noch ein paar Rentner, die sich mehr schlecht als recht um ihre Gärten und Obstbäume kümmern. Der Tourismus spielt in dieser Region nur eine Nebenrolle, der Bergbau wurde eingestellt. Die Jüngeren arbeiten im Raum Nikosia und an der Küste, sie kommen nur noch am Wochenende oder in den Sommerferien.

Pano Platres **1** [C5]

Wegen des auch im Sommer angenehm kühlen Klimas wurde Pano Platres (1128 m ü. d. M.) schon von britischen Kolonialbeamten als Ferienort geschätzt. Wie in den Hill Stations Indiens sind Grün und Rot auch die vorherrschenden Farben bei den in den Wald gebauten Häusern von Pano Platres. Sehenswürdigkeiten gibt es nicht, doch der Ort liegt verkehrsgünstig, um von hier aus die anderen Teile des Gebirges zu besuchen.

Info

- **Cyprus Tourism Organisation (CTO)**
  Im Zentrum
  Tel. 2542 1316
  Mo–Fr 8.15–16, Sa 9–14 Uhr

Verkehr

- **Busse:** Es verkehren Busse nach Limassol und Nikosia.

Hotels

New Helvetia €€
Gebaut in der für Platres typischen Backsteinarchitektur. Ein Baum wächst mitten durch das Haus.
- 15 Gehminuten oberhalb des Zentrums
  Tel. 2542 1348
  www.newhelvetia.com

Semiramis €€
Gediegene Pension im Kolonialstil mit zehn riesigen Zimmern und schattigem Waldpark, von der Eigentümerfamilie selbst mit Charme geführt.

Pano Platres im Troodos-Gebirge, ein bis heute beliebter Ferienort

• 55 Spyrou Kyprianou
Tel. 2542 2777
www.semiramishotelcyprus.com

Restaurant
Kaledonia €
Familienbetrieb, der viele traditionelle
Gerichte anbietet. In der Saison tgl. ge-
öffnet.
• Oberhalb vom Dorfplatz

Shopping
Foini Pottery
Nur noch in einer Werkstatt des Töpfer-
dorfs Foini (Weg vom Dorfplatz ausgeschildert) formt die Töpferin Keramik
für den Hausgebrauch.

Troodos (Ort) **2** [C5]
Am Fuß des Olymp entstand mit
dem Ort Troodos (1651 m ü. d. M.)
schon in der britischen Zeit ein kleines Ferienzentrum. Mit Restaurants

und Verkaufsständen dient es den
Ausflüglern als Versorgungsstation.
Das **Troodos Visitor Centre** informiert mit Broschüren und einem
kurzen Film über Pflanzenwelt und
Gesteinsformationen (Sommer tgl.
9–16 Uhr, Winter Mo–Fr 10 bis
15 Uhr). Vor dem Pavillon wurde
ein kurzer Naturlehrpfad angelegt,
der auch gut mit dem Rollstuhl zu
befahren ist. Auf Kinder warten ein
großer Spielplatz und geführte Ausritte auf Maultieren.

Für naturkundlich Interessierte
lohnt ein Besuch im Geopark Visitor Centre, das am Weg nach Kakopetria › S. 102 in der ehemaligen
Asbestmine **Pano Amiandos** eingerichtet wurde. Es informiert aus-
führlich zur geologischen Beschaf-
fenheit Zyperns. Daneben liegt der
noch im Aufbau befindliche Botani-
sche Garten.

Verkehr

- **OSEL-Bus**, www.osel.com.cy, nach Nikosia über Kakopetria.
- **Emel-Bus**, www.limassolbuses.com, nach Platres und Limassol.

Hotel

Jubilee €€

Im einzigen Hotel des Orts treffen sich Wanderer und im Winter Skifahrer. 37 freundlich-rustikale Zimmer, Restaurant mit britisch-zyprischer Küche.

- Tel. 2542 0107
  www.jubileehotel.com

Artemis-Trail **3** ⭐ **5** [C5]

Der 7 km lange Trail ❗ umrundet ohne große Steigungen den Olymp

---

❗ Erst-klassig

Wanderwege in den Naturparks

·····································

- Auch im Hochsommer ist es in der **Avakas-Schlucht** angenehm kühl und ein kleines bisschen nass › **S. 88**
- **Aphrodite-Trail**. Auf Aphrodites Spuren zieht er sich über die Halbinsel Akamas › **S. 90**
- **Artemis-Trail**. Auf bequemen Wegen durch die Troodos-Wälder rund um den Olymp › **oben**
- Der technisch anspruchsvolle **Madari-Trail** umrundet den Gipfel mit Zyperns höchstgelegener Feuerwache › **S. 105**
- Vom Forsthaus **Alevkaya** führen markierte Wanderwege zu Aussichtspunkten am Kamm des Beşparmak-Gebirges › **S. 132**

(1951 m ü. d. M.), dessen Hänge mit Schwarzkiefern bewachsen sind. Seltene Pflanzen und ungewöhnliche Felsformationen warten auf Entdeckung. Von historischem Interesse sind die Ruinen einer Festung aus venezianischer Zeit. Auf dem Gipfel betreibt die Royal Air Force eine Funk- und Abhörstation. **50 Dinge** ⑦ › **S. 12**.

Weitere Wanderwege

In Troodos beginnen zahlreiche Wanderrouten. Im Visitor Center liegen Karten mit Tourenvorschlägen aus. Ein leicht begehbarer Weg ist der **Kaledonia-Trail** (5 km). Er führt als schattiger Waldweg hinunter nach Pano Platres. Nach dem ersten längeren Abstieg stürzt sich das munter plätschernde Bächlein unvermutet mit Getöse über eine Kaskade. **50 Dinge** ⑪ › **S. 13**.

Kakopetria **4** ⭐ **6** [C4] und Umgebung

Kakopetria (671 m ü. d. M.), dessen Name »nutzloser Fels« bedeutet, schließt sich am oberen Ausgang des Solea-Tales an das Nachbardorf Galata an. Das milde Klima und die reizvolle Umgebung mit Obsthainen, Nussbäumen und fruchtbarem Gartenland an den Ufern des auch im Sommer Wasser führenden Karyotis-Flusses machten beide Orte schon in der fränkischen Zeit zur beliebten Sommerfrische.

Zum Pflichtprogramm aller Bustouren in den Troodos gehört der Rundgang durch den historischen Ortskern von Kakopetria, der sich auf einem schmalen, von zwei Bächen eingeschnürten Rücken drängt und als Ensemble unter Denkmalschutz steht.

Panagia tis Podithou

Ein fränkischer Adliger stiftete 1502 die auch Eleousa, die Barmherzige, genannte Kirche am Ortseingang von **Galata.** Die Bilder orientieren sich thematisch an der byzantinischen Tradition, stehen stilistisch aber deutlich im Zeichen der italienischen Renaissance: Der unbekannte Künstler verlieh den lebhaft wirkenden Figuren porträthafte Gesichtszüge und legte Wert auf die der byzantinischen Kunst fremde Illusion räumlicher Tiefe.

Panagia Theotokos

Ein weiteres Beispiel für diesen ost-westlichen Mischstil sind die Fresken in der benachbarten Kirche, auch Agios Archangelos genannt, die 1514 geweiht wurde (Di–So tagsüber, nach Anmeldung unter Tel. 9967 1776).

Agios Nikolaos tis Stegis

Die Klosterkirche »Heiliger Nikolaus mit Dach«, 5 km südwestlich von Kakopetria, war ursprünglich eine Kreuzkuppelkirche aus dem 11. Jh., die später mit einem Satteldach überzogen und um einen Narthex erweitert wurde. Gäbe es eine Schönheitskonkurrenz der Scheunenkirchen, zöge Agios Nikolaos, äußerlich betrachtet, gegenüber der Kirche von Asinou den Kürzeren: Die An- und Umbauten fügen sich hier nicht zu einem harmonischen Ganzen, sondern blei-

ben Versatzstücke eines Bühnenbildes, das seine beste Form noch nicht gefunden hat. Umso mehr gleicht die Kirche der Scheune eines alten Gehöfts, die ja über Generationen vorwiegend nach praktischen, nicht ästhetischen Gesichtspunkten verändert wird. Zu einem anderen Urteil als der Architekt muss jedoch der Liebhaber zypriotischer Kirchenmalerei kommen. Besonders die Fresken im höfischen Stil der frühen Komnenenzeit (12. Jh.) sind auf der Insel unübertroffen (Di bis Sa 9–16, So 11–16 Uhr).

Verkehr

• **OSEL-Bus** nach Nikosia und Troodos, www.osel.com.cy

Milomeri-Wasserfall bei Platres

Zypern mächtigstes und reichstes Kloster, Kykko

Hotel

Linos Inn €€

22 traditionell gehaltene Zimmer in einem Komplex schön restaurierter alter Häuser. Restaurant mit internationaler, Taverne mit heimischer Küche.

• Im alten Kakopetria
  Tel. 2292 3161
  www.linosinn.com

Restaurants

Linos Inn €€

Das Restaurant des gleichnamigen Hotels hat sich auf zypriotische Küche und besonders auf Pastagerichte spezialisiert. Für den kleinen Hunger seien etwa die »Ravioli Lino« empfohlen.

• Im alten Kakopetria

The Mill €€

Rustikales Lokal bei der alten Mühle.

• Kakopetria | Tel. 2292 2536
  www.cymillhotel.com

Shopping

Am Wochenende gleicht die kopfsteingepflasterte Dorfgasse einem Basar, auf dem Frauen und Kinder Strickwaren,

Honig und Früchte feilbieten. Eine besondere Spezialität sind die noch grün in Zuckersirup eingelegten Walnüsse, die zu Fleischgerichten gegessen werden. Im Glas sind die Nüsse schwarz.

Marathasa-Tal 5 [C4]

Nicht Schnee, sondern die Blüten unzähliger Kirschbäume überziehen im Frühjahr das Marathasa-Tal mit einem zarten weißen Schleier. Viele der von früheren Generationen in mühseliger Arbeit dem Hang abgerungenen Feldterrassen sind heute verwildert. In **Kalopanagiotis** hat sich um eine schwefelhaltige Thermalquelle Kurbetrieb etabliert. Fremde kommen wegen des **Klosters Ioannis Lampadistis.** Der mit Fresken ausgestatteten Kreuzkuppelkirche (11. Jh.) wurden bis ins 18. Jh. Bauten angefügt.

Restaurant

To Vrysi €€

Gartenlokal am oberen Ende von Pedoulas im Marathasa-Tal, legt besonderen Wert auf die Verarbeitung regionaler Produkte – man weiß hier, aus welchem Teich die Forelle stammt.

Kykko 6 ⭐ [B/C4]

Zyperns mächtigstes und reichstes Kloster liegt abgeschieden in einem Pinienhain auf 1140 m Höhe. Selbst an den Küsten des Schwarzen Meeres besaß die Abtei früher Ländereien, und auf Zypern ist sie noch heute der größte Grundbesitzer. Von allen Klöstern des Landes zieht es die meisten Pilger an. Auch finanziell geht es dem Kloster gut, denn viele Gläubige bedanken sich für die Wunder, die sie Kykko zusprechen, mit Schenkungen oder Erbschaften.

Auf der Höhe **Throni tis Panagias**, dem Marienthron, eine halbe Wanderstunde westlich des Klosters, ließ sich Erzbischof Makarios bestatten. **50 Dinge** ⑤ › S. 12.

Region Pitsylia [D5]

Der südöstliche Teil des Troodos gehört zu den ärmsten Regionen des griechischen Landesteils. An diesem Umstand hat die Natur einen nicht geringen Anteil: Die Faltung des Gebirges und das ablaufende Wasser haben die Täler hier besonders tief eingegraben. Manche der an die steilen Hänge geklebten Siedlungen liegen in Rufweite einander gegenüber, sind aber durch einen beschwerlichen, kilometerlangen Weg über den Talgrund voneinander getrennt.

Die Bergwanderung auf dem **Madari-Trail** um den von einer Feuerwache gekrönten Madari (1600 m) wird mit einer schönen Aussicht über das Gebirge bis hinunter ans Meer belohnt. Aus Naturschutzgründen ist dieser Weg vom ersten Schnee bis zum April gesperrt. In den rund 50 Dörfern harren noch etwa 20 000 Menschen aus. Nur wenige widmen sich weiterhin dem Weinbau, der früher eine der Haupterwerbsquellen war. Der Anbau auf den winzigen, für den Maschineneinsatz ungeeigneten Feldterrassen ist zu mühsam geworden.

Im Hauptort **Agros** 7 [D5] destilliert Chris Tsolakis aus den Blättern der Rosenblüten, die im Mai die Gegend mit ihrem Duft überziehen, Rosenwasser und -parfüm (www.venus-rose.com).

Hotel

Ambelikos Agrohotel €€
Traumhaftes Berghotel, eingerichtet im traditionellen Stil, in bester Aussichtslage. Mit Restaurant.
• Potamitissa
  Tel. 2552 2211
  www.ambelikos.com

Lagoudera 8 ⭐ [D4]

Am nördlichen Ortsende von Lagoudera (1000 m ü. d. M.) blieb vom Landgut eines reichen Byzantiners nur die 1192 geweihte Kirche **Panagia tou Araka** erhalten (Schlüssel beim Dorfpfarrer abholen). Der in der Stifterinschrift erwähnte byzantinische Edelmann Leon Authentou gab die herrlichen Wandbilder im mittelbyzantinischen Stil in Auftrag, die mit ihren graziösen und bewegten Gestalten auf der Insel ihresgleichen suchen.

Die besondere Sorgfalt bei der Ausführung der Gesichter weist den unbekannten Künstler als Ikonenmaler aus. Sein Können lässt eine langjährige Ausbildung in Konstantinopel vermuten. Seine Wandbilder im Schiff, in der Kuppel und in der Apsis sind echte Fresken, also auf den noch feuchten Putz aufgetragen – eine aufwendige Technik, bei der nur Zentimeter für Zentimeter gearbeitet werden kann und jeder Abschnitt in kurzer Zeit vollendet werden muss, bevor der Kalk getrocknet ist. Maler anderer Kirchen gaben sich oft weniger Mühe und arbeiteten Bild für Bild oder in noch größeren Flächen, mussten dann aber die Farben auf den schon getrockneten Untergrund auftragen. **50 Dinge** ㉘ › **S. 15.**

Stavros tou Agiasmati ❾ ⭐ [D4]

Ob Philip Goul, der um 1500 die gut erhaltenen Malereien in der Waldkirche (Schlüssel beim Pfarrer in Platanistasa erhältlich) schuf, das Werk seines Kollegen in der Panagia tou Araka › **links** kannte? Goul war ein Kind der Renaissance. Er arbeitete schon mit Perspektive, und seine Gebäudekonzepte erinnern an Italien. Außerdem nahm er sich offenbar die Freiheit, auch Themen außerhalb des fest definierten Repertoires der orthodoxen Ikonografie aufzugreifen: In der Bogennische der Nordwand schildert ein zehnteiliger Zyklus die Auffindung des heiligen Kreuzes. Ein weiterer Teil zeigt die Geschichte der Reliquie von Stavrovouni, ein für Zypern besonders bedeutsames Thema.

Panagia Asinou ❿ ⭐ [D4]

Im Wald über dem kleinen Ort Nikitari präsentiert sich die Kapelle Panagia Asinou (auch Panagia Forviotissa) schon äußerlich als ungewöhnliches Bauwerk: Sie gleicht mit ihrem weit heruntergezogenen Ziegeldach tatsächlich eher einer Scheune. Dieses für die Kirchen des Trodoos typische Scheunendach wurde als zweite Haut über das erst im Inneren sichtbare Tonnengewölbe und die Kuppeln gebaut, wohl um die Panagia Forviotissa besser vor der Witterung zu schützen. Auf dem Stifterbild über der Südtür erkennt man, dass dieses Scheunen-

Prächtige Gemälde in der Panagia Asinou

Beim Blick über die Dächer von Nikosia wirkt die Stadt vereint

dach von Anfang an zur Kirche gehörte. Allerdings fehlt dem Modell,
das Maria stellvertretend für den
Stifter an Christus weiterreicht,
noch die erst um 1200 angefügte
Vorhalle. Ihre wahre Pracht ent-
faltet die Panagia im lückenlos be-
malten Innenraum. Streng und
mahnend blicken die Propheten,
Heiligen und Kirchenväter von den
Wänden auf die, die sich hier zur
Liturgie versammelten – und dabei
in ihrem Glauben eine Gemeinschaft mit den Gläubigen aller Zeiten eingingen.

Zu den eindrücklichsten Szenen
zählt in der linken hinteren Ecke die
Darstellung der »40 Märtyrer von
Sebasteia«. Vierzig spärlich beklei-
dete, aus zahlreichen Wunden bluten-
de Christen stehen, von römischen Le-
gionären bewacht, frierend auf einem vereisten See. Einer hält der
Folter nicht stand und schleicht sich

zu einem dampfenden Badehaus an
das Ufer, das allen offensteht, die
dem Glauben abschwören. Doch den
Platz des Abtrünnigen auf dem Eis
nimmt, von der gegenüberliegenden
Laibung kommend, sogleich einer
der Wachsoldaten ein (Mo–Sa 9–16,
So 11–16 Uhr, ▮ Eintritt frei).

Nikosia ⏹ ★ [E3]

Seit 1963 schneidet die »Grüne Linie« mitten durch Nikosias Altstadt
und trennt das griechische Lefkosia
vom türkischen Lefkoşa. Wie einst
im geteilten Berlin wurde die historische Mitte der Stadt so zur Rand-
lage. Erst mit dem 2008 geöffneten
Übergang Ledra Street ist die Grenze auch in der Altstadt durchlässig
geworden. Der von der Europäischen Union geförderte Stadtent-
wicklungsplan hat der türkischen
(55 000 Einw.) und der griechischen

Stadthälfte (240 000 Einw.) die Chance auf eine Wiedervereinigung offengehalten. Die schmucken Fußgängerzonen hüben wie drüben gleichen einander im Material ebenso wie in Farbe und Design.

Die historisch wertvollen, doch lange vernachlässigten Wohnviertel an der Demarkationslinie erstrahlen heute in neuem Glanz. Regelmäßig treffen sich die Bürgermeister und Expertenstäbe der beiden Stadtverwaltungen – von allen Kontakten zwischen den Landesteilen funktioniert die Zusammenarbeit zwischen dem türkischen Lefkoşa-Nikosia und dem griechischen Lefkosia-Nikosia noch am besten. Ein Stichwort dazu heißt Nikosia Master Plan, der sich aus internationalen Quellen finanziert.

Griechischer Südteil
Leventis-Galerie Ⓐ
Das Kunstmuseum der Leventis-Stiftung erlaubt einen Blick auf das Schaffen griechischer und vor allem zyprischer Maler des 20. Jhs. Highlight ist Adamantios Diamatis' »The World of Cyprus« mit über 60 nach realen Vorbildern gemalten Gestalten. Ausgestellt werden auch Werke europäischer Meister von flämischen Stillleben bis zur klassischen Moderne, mit denen der durch Handelsgeschäfte vermögend gewordene Stifter früher seine Privaträume schmückte (5 Od. Leonidou, Do–Mo 10–17, Mi bis 22 Uhr, www.leventisgallery.org).

Die Aphrodite von Soli im Nationalmuseum von Nikosia

Laiki Geitonia Ⓑ
Der romantische Winkel zwischen Hippocrates Street und D'Avila-Bastion gilt mit Straßencafés, Tavernen und Souvenirläden als Vorzeigestück der Stadterneuerung. Manche Häuser sind allerdings nicht so alt, wie sie scheinen, sondern wurden im Stil der 1920er- Jahre erbaut.

Leventis-Museum Ⓒ
Der Rundgang durch die Ausstellung vermittelt einen Eindruck vom Alltagsleben vergangener Zeiten. Schautafeln und Beschriftungen auch in englischer und französischer Sprache erklären die Zusammenhänge. Zu Recht zeichnete der Europarat das Museum für seine moderne, mutige Gestaltung mit dem Europäischen Museumspreis aus (15–17 Od. Hippocrates, Di–So 10–16.30 Uhr, ❗ Eintritt frei).

Ledra-Observatorium Ⓓ
Einen hervorragenden Rundblick über Nikosia aus der Vogelperspektive gewährt der Aussichtspunkt auf dem Dach des Shakolas-Hochhauses. Verschiedene Fotos und Tonbandkommentare erläutern das Panorama (Od. Ledra/Asinoe, tgl. 10–17, Sommer bis 19 Uhr).

Motorrad-Museum Ⓔ
In der Granikou Street 44 präsentiert der Oldtimer-Enthusiast Andreas Nikolaou Besuchern zum kleinen Preis seine sehr beachtliche Sammlung von 160 Motorrädern aus der Zeit von 1914 bis in die 1980er-Jahre (meist Mo–Fr 9.30 bis 13, 15.30–18, Sa 9–13 Uhr).

Nationalmuseum 🅕 ⭐

Das Museum präsentiert die schönsten und kostbarsten Stücke, die Archäologen auf Zypern entdeckten (1 Od. Mouseiou, Di–Fr 8–18, Sa 9 bis 17, So 10–13 Uhr, 4,50 €). Halsketten, kleine Idole und die bis 6000 Jahre alte Keramik aus Choirokoitia › S. 65 zeugen davon, dass die Menschen schon in der Steinzeit Sinn für Kunst und Ästhetik hatten. In einer Vitrine steht eine Auswahl der 2000 teilweise lebensgroßen Terrakotta-Figuren von Agia Irini (7./6. Jh. v. Chr.): Krieger, Priester mit Stiermasken, Minotauren und Sphingen. Das Prunkstück des Museums ist ein schlanker Frauentorso aus dem 1. Jh. v. Chr.: die reizvolle Marmorstatue der Aphrodite von Soli (Abbildung S. 108). **50 Dinge** ㉓ › S. 14.

Bank of Cyprus Cultural Foundation 🅖

Klimatisiert und mit modernster Einrichtung sowie Museumsdidaktik präsentiert die Kulturstiftung der Bank of Cyprus Keramik, Schmuck und Münzen von der Antike bis ins Mittelalter. Im Shop gibt es Reproduktionen von historischen Stichen (86–90 Od. Phaneromenis, www.boccf.org, tgl. 10–19 Uhr, ❗ Eintritt frei).

Ömeriye-Moschee 🅗

Die Moschee ist das einzige noch geöffnete muslimische Gebetshaus im griechischen Nikosia. Die vielen im Mittelalter in den Boden eingelassenen Grabplatten der Augustinermönche und -äbte sind heute im Fort von Limassol ausgestellt. Gegenüber der Moschee wird das alte Ömeriye-Badehaus *(hamam)* zu einem schicken Wellnesscenter umgebaut (8 Plateia Tyllirias, www.hamamomerye.com).

Haus des Hadji Georghakis Kornesios 🅘

Das Haus aus dem 18. Jh. gibt einen Eindruck vom luxuriösen Lebensstil der Oberschicht in der osmanischen Zeit. In den Jahren 1779 bis 1809 hatte der Hausherr das Amt des Dragomans inne und war damit oberster weltlicher Vertreter der Christen Zyperns gegenüber dem Sultan und zugleich dessen Steuereintreiber. Die ausgestellten Vermögenslisten belegen: Er verdiente recht gut (20 Od. Patriarchou Grigoriou, Di–Fr 8.30–15.30, Sa 9.30 bis 15.30 Uhr, 2,50 €).

Bischofskirche des Evangelisten Johannes 🅙

Die 1662 erbaute Kirche Agios Ioannis, im Komplex mit altem und neuem Bischofspalast, beeindruckt durch die Ausschmückung des einschiffigen, tonnengewölbten Innenraums. Die Ikonostasis ist über und über mit Blattgold beschlagen, die Wandfresken (18. Jh.) erstrahlen in leuchtenden Farben. Besonders bedeutsam ist die Szenenfolge rechts vom Bischofsthron: die Auffindung der Gebeine des hl. Barnabas und die darauf fußende Anerkennung der Selbstständigkeit der orthodoxen Kirche Zyperns durch den byzantinischen Kaiser (Mo–Fr 8–12, 14–16, Sa 9–12 Uhr, Eintritt frei).

Museum für byzantinische Kunst K

In einem Seitenflügel des neuen Erzbischofspalasts liefert das Museum mit mehr als 150 Ikonen aus ganz Zypern einen umfassenden Einblick in die Entwicklung der Ikonenmalerei vom 8. bis ins 18. Jh. Den Höhepunkt der Ausstellung bilden die Lythragkomi-Mosaiken, die den Bildersturm unversehrt überstanden haben. Im Obergeschoss befindet sich eine durchaus beachtliche Sammlung europäi-

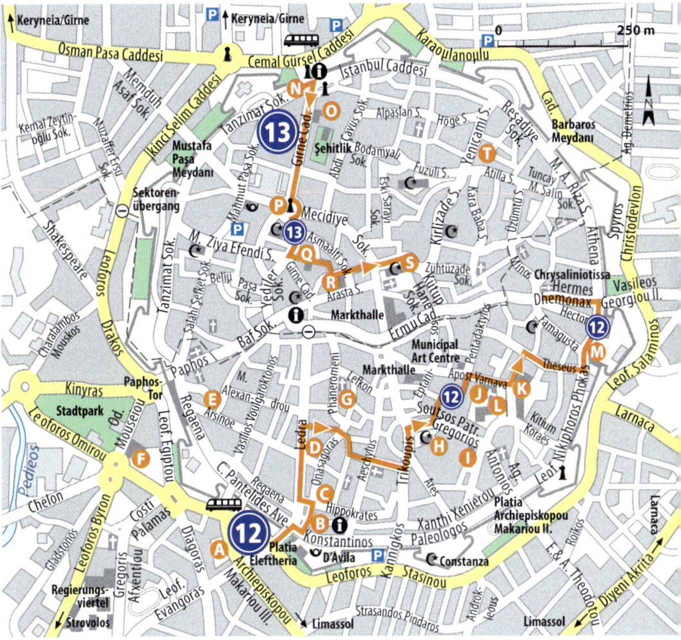

Touren durch Nikosia

Tour 12

Unterwegs in der Altstadt von Nikosia

Tour 13

Osmanische Kultur in Lefkoşa

- A Leventis-Galerie
- B Laiki Geitonia
- C Leventis-Museum
- D Ledra-Observatorium
- E Motorrad-Museum
- F Nationalmuseum
- G Bank of Cyprus Cultural Foundation
- H Ömeriye-Moschee
- I Haus Hadji Georghakis Kornesios
- J Bischofskirche des Evangelisten Johannes
- K Museum für byzantinische Kunst
- L Museum für Volkskunst
- M Famagusta-Tor
- N Girne-Tor
- O Mevlevi Tekkesi
- P Atatürk-Platz
- Q Büyük Hamam
- R Büyük Han
- S Sophienkathedrale/Selimiye-Moschee
- T Lusignan-Haus

scher Gemälde (15. bis 19. Jh.) mit Motiven aus der griechisch-zypriotischen Mythologie und Geschichte (Plateia Archiepiskopou Kyprianou, Mo–Fr 9–16, Sa 9–13 Uhr, 4 €).

Museum für Volkskunst ❶

Das Museum neben der Bischofskirche zeigt in einem der ältesten Gebäude der Stadt historische Trachten, Schmuck, Haushaltsgegenstände und technisches Gerät aus der vorindustriellen Zeit. In fränkischer Zeit gehörte das Haus zu einem Benediktinerkloster; später residierte dort der orthodoxe Erzbischof (Di–Fr 9.30–16, Sa 9 bis 13 Uhr). Im Nachbargebäude erinnert das moderne **Museum des Nationalen Befreiungskampfes** an die Auseinandersetzungen zwischen den Briten und den Partisanen der EOKA.

Famagusta-Tor ⓜ

Das dem Lazaretto-Tor von Iraklion (Kreta) nachempfundene Tor war der stärkste Teil der venezianischen Stadtbefestigung (16. Jh.). In dem 35 m langen Gewölbegang, der von einer Kuppel mit 11 m Durchmesser unterbrochen wird, finden seit der Renovierung im Jahr 1980 Kunstausstellungen statt (Athinas, Mai–Sept. Mo–Fr 10–13, 17 bis 20 Uhr, Okt.–April Mo–Fr 10–13, 16–19 Uhr, Eintritt frei).

Info

Cyprus Tourism Organisation (CTO)
• Laiki Geitonia | Nikosia-Lefkosia
  Tel. 2267 4264
  Mo–Fr 8.30–16, Sa 8.30–14 Uhr

Verkehr

• **Busse:** Die meisten Buslinien starten vom Busbahnhof am Solomos-Platz. Mit den gelben Kleinbussen fährt man gratis durch die Altstadt.
• **Servicetaxis:** Auf telefonische Vorbestellung fährt man mit Travel Express, Tel. 7777 7474, nach Larnaka, Limassol und Paphos.

Hotels

Classic €€
Modernes Hotel am Rande der Altstadt. Geräumige Zimmer mit Klimaanlage, Kühlschrank und WLAN, teilweise mit Balkon.
• 94 Regainis | Nikosia-Lefkosia
  Tel. 2267 0072
  www.classic.com.cy

Averof €
15 Minuten westlich vom Zentrum in einem ruhigen Wohnviertel gelegen. Rustikale Einrichtung mit Lokalkolorit, sehr persönlicher Service.
• 19 Averof St. | Nikosia-Lefkosia
  Tel. 2277 3447
  www.averof.com.cy

Restaurants

Pantopolio €€
Neue griechische Küche, kreative Salate (z. B. *ospriada*). Zum Abschied gibt's bisweilen ein Gläschen Mastix-Likör. So Ruhetag.
• 7 Vasileos Pavlou | Nikosia-Lefkosia
  Tel. 2267 5151

Aigaion €–€€
In diese Taverne mit hübschem Innenhof führen die Einheimischen ihre Gäste aus. Hervorragende Mezedes, gelegentlich Livemusik. Mo–Sa ab 19 Uhr.

Das Girne-Tor

• 40 Ektoros | Nikosia-Lefkosia
Tel. 2243 3297

Shopping

Im **Chrysaliniotissa Crafts Centre** an der gleichnamigen Kirche kann man Glasbläsern, Schmuckdesignern und Kunsthandwerkern zuschauen und die Produkte auch gleich erwerben.

Türkischer Nordteil
Girne-Tor

In venezianischer Zeit war das Girne-Tor das nördliche der drei Tore im Stadtwall. 1931 schlossen die Briten den Durchgang und rissen die Stadtmauer auf beiden Seiten nieder, um die Altstadt auch von Norden her besser für den Autoverkehr zu erschließen. So steht das alte Tor, in dem nun eine Informationsstelle des Tourismus-Ministeriums untergebracht ist, heute etwas sehr verloren auf einer Straßeninsel.

Mevlevi Tekkesi

Das Gebäude des Museums für türkische Volkskunst wurde im frühen 17. Jh. als Kloster *(Tekke)* des Derwisch-Ordens errichtet. Im Großen Saal tanzten sich die Brüder der Gemeinschaft über Stunden in einen tranceartigen Zustand von religiöser Ekstase, in dem sie ihre Nähe zu Gott verspürten. In dem angrenzenden Mausoleum ruhen die Scheichs (Vorsteher) der Tekke (Girne Caddesi, Mo–Fr 8–15.30 Uhr).

Atatürk-Platz

Der als Fußgängerzone gestaltete Platz war das weltliche Zentrum des alten Nikosia. Die grau aufragende Granitsäule im Zentrum des Platzes stammt ursprünglich aus Ägypten. Später wurde sie von den Römern nach Salamis gebracht und dort in einem Tempel verbaut. 1550 kam sie nach Zypern.

Büyük Hamam

Noch aus der vorosmanischen Zeit stammt das Badehaus. Sein Eingang liegt inzwischen gut einen Meter unter dem Straßenniveau, denn die Nachbarhäuser sowie die Gasse selbst wuchsen auf den Schuttschichten der Jahrhunderte weiter in die Höhe (Iplikci Pazari Sok, http://grandturkishhamam.com).

Büyük Han

Die mit großem Aufwand zu alter Pracht restaurierte Karawanserei wurde 1572 als eine Herberge für durchreisende Kaufleute gebaut. Heute laden ein Café, Souvenir-

Im Innenhof des Büyük Han

geschäfte und Kunstgalerien zum Verweilen ein. **50 Dinge** ㉞ › S. 15.

Sophienkathedrale/ Selimiye-Moschee

1209 legt der katholische Erzbischof Thierry den Grundstein für die Kathedrale. Die Bauarbeiten zogen sich bis in das 14. Jh. hinein. Besonders die Westfassade mit den drei Portalen und der Fensterrosette gilt als ein Meisterwerk der französischen Gotik. Die Muslime bauten nach der Übernahme des Gotteshauses auf den unvollendeten Türmen der Westfassade Minarette und entfernten die gesamte Einrichtung. Die Innenwände strichen sie weiß, wodurch die Würde und Eleganz

---

SEITENBLICK

Schicksalsjahr 1974

Seit dem Ende der 1960er-Jahre hatte sich das Verhältnis zwischen den verfeindeten Volksgruppen nach dem blutigen Konflikt 1963/64 wieder etwas entkrampft. Doch diese Entspannung passte nicht in das Konzept der griechischen Militärjunta. Zu oft hatte Erzbischof und Präsident Makarios die Athener Diktatoren um Oberst Papadopoulos öffentlich bloßgestellt. So initiierten sie am 15. Juli 1974 einen Putsch der griechischen Nationalgarde, die zum Schutz gegen eine türkische Invasion auf Zypern stationiert war. Damit wollte die Junta von den eigenen inneren Problemen ablenken und den Anschluss der Insel an Griechenland herbeiführen. Vor allem sollte der »Kommunistenfreund« Makarios eliminiert werden, der jedoch aus dem brennenden Präsidentenpalast entkam und ins Ausland fliehen konnte. An der Spitze der Putschisten stand Nikos Sampson, auch als »Schlächter von Omorphita« bekannt. Seine Todesschwadronen hatten schon im Bürgerkrieg von 1963/64 unter türkischen Zyprioten ein Massaker angerichtet. Die Türkei reagierte prompt und schickte am 20. Juli 1974 ein Expeditionskorps nach Zypern, das der Nationalgarde haushoch überlegen war. Damit war der griechische Plan der Vereinnahmung gescheitert, doch die türkische »Operation Attila« hatte die endgültige Teilung der Insel zum Ziel, und die Invasoren rückten weiter bis zur heutigen »Green Line« vor. Ingesamt starben durch Putsch und Invasion 6000 Zyprioten. Ein Drittel der Bevölkerung, etwa 200 000 Menschen, wurden bei der »ethnischen Säuberung« Flüchtlinge im eigenen Land.

des Baukörpers umso mehr zur Geltung kommen sollte. Im **Bedesten** gleich nebenan zeigen die Tanzenden Derwische ihr spirituelles Ritual (Selimiye Sok).

Lusignan-Haus

Das schmucke Wohnhaus mit dem Wappen der Lusignan-Dynastie in seinem gotischen Portal stammt im Kern aus dem 15. Jh. In osmanischer Zeit wurde der Fassade ein Erker vorgesetzt. Die Einrichtung gibt einen Eindruck von der Wohnkultur im alten Nikosia. Wieder original sind die prächtigen Holzdecken der hohen Räume (Yenicami Sok, Mo–Fr 8–15.30 Uhr).

Info

North Cyprus Tourist Information
Mo–Fr 9–17, Sa 9–13 Uhr. Eine Filiale am Sektorenübergang Ledra Street ist tgl. von 8–16 Uhr geöffnet.
• Im Girne-Tor | Nicosia-Lefkoşa
  Tel. 228 9629

Verkehr

• **Busse:** Vor dem Girne-Tor, wo die Stadtbusse halten, warten Minibusse, die nach Girne und Famagusta fahren.
• **Servicetaxis:** Kombos, Tel. 227 2929, vom Büro hinter der Tekke, nach Girne. Itimat, Tel. 227 2727, Kaimaklı Cad., nach Famagusta.

Restaurants

Hamur €€
Stilvolles Restaurant in einem alten Stadthaus mit Terrasse. Zyprisch-türkische Küche, etwa gefüllte Teigtaschen *(mantı).*

• 2 Selim Cad. | Ledra-Palace-Übergang Nicosia-Lefkoşa
  Tel. 228 0052

Sedırhan €€
Im schönen historischen Ambiente der Karawanserei speist man türkische Spezialitäten oder trinkt einfach nur ein Glas köstliche hausgemachte Limonade.
• Im Büyük Han | Nicosia-Lefkoşa

Tamassos 12 [E4] und Politiko [E4]

Die damaligen Bergleute holzten in weitem Umkreis den Wald als Brennmaterial ab und häuften Abraum und Schlacke zu riesigen Hügeln, auf denen sich bis heute nur wenige, genügsame Pflanzen ansiedelten. Von der Stadt wurden bisher nur die Fundamente eines Tempels und Werkstätten freigelegt. Die Zugänge *(Dromoi)* zu den beiden zwischen 650 und 600 v. Chr. angelegten **Königsgräbern** (tgl. 9.30–16 Uhr) sind im Unterschied zu Gräbern in Salamis als Treppen ausgeführt. Deckenbalken aus Stein und Scheintüren imitieren ein Holzhaus.

Agios Machairas

13 ⭐ [D/E4/5]

Eine schmale Straße windet sich durch den Wald hoch nach Agios Machairas (750 m ü. d. M.). Der in der Ebene träge Pediaios plätschert hier noch als ein munteres Bächlein, und vor dem **Kloster,** das sich im Winter oft in den Wolken versteckt, serviert eine Taverne im Lehmofen geschmortes Lammfleisch.

Ein modernes Mosaik neben der Kirchentür erzählt die Gründungslegende des »Klosters des Messers«. Zwei Eremiten sollen im 12. Jh. auf eine vergrabene Ikone der Gottesmutter gestoßen sein, über die ein Messer wachte. Kaiser Manuel I. Komnenos (1143 bis 1180) schenkte den Brüdern Geld und Ländereien zum Unterhalt eines Klosters. Die Gebäude aus jenen Jahren sind längst verschwunden; zuletzt brannte der Konvent 1892 nieder (tgl. 8.30–17.30 Uhr).

Ein kleines **Museum** im Kloster erinnert an den EOKA-Kämpfer Grigoris Afxentiou. Draußen blickt er als Bronzefigur in Gestalt eines Partisanen über das Tal, in dem ihn am 3. März 1957 Flammenwerfer der britischen Armee töteten. Die Zyprioten verehren Afxentiou als Nationalhelden.

Fikardou 14 ⭐ [D4]

Das von der Landflucht entvölkerte Bergdorf steht unter Denkmalschutz und ist damit zugleich ein Freilichtmuseum der ländlichen Architektur des 18./19. Jhs. Der Wirt des Kaffeehauses hat hier mit seinem Ehrenamt als Bürgermeister nicht allzu viel Arbeit. Während die meisten Höfe gänzlich leer stehen oder noch als Scheunen dienen, wurden das **Haus des Katsinioros** und das **Haus der Achillea Dimitri** sorgfältig restauriert und als Volkskundemuseen eingerichtet (tgl. 9.30–17 Uhr, Sept.–April 8.30 bis 16 Uhr).

Die Selimiye-Moschee in Nikosia war ursprünglich eine christliche Kirche

NORDZYPERN

Kleine Inspiration

- **Abends an der Hafenbucht von Girne flanieren,** vor der Kulisse der Speicherhäuser und der Burg, etwas trinken und dinieren › S. 123
- **Einem Konzert lauschen** im gotisch-mediterranen Ambiente der Klosterruine Bellapais › S. 127
- **Shakespeares »Othello« lesen** am literarischen Originalschauplatz auf der Stadtmauer von Famagusta › S. 134
- **Schnitzen oder Korbflechten lernen** in einem Workshop im Feriendorf Büyükkonuk › S. 141

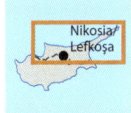

Nordzypern ist ebenso schön wie der griechische Insel-teil. Für eine Kurzvisite bieten sich Nord-Nikosia und die Hafenstadt Girne an. Im einsamen Westen und auf der Halbinsel Karpaz gibt es herrliche Strände.

Seit dem Beitritt der Republik Zypern zur EU und der Öffnung der innerzyprischen Grenze dürfen Bürger der EU nach Belieben von einem Teil Zyperns in den anderen reisen. Ein paar Tage hier und ein paar Tage da oder der Flug nach Larnaka und von dort ein Transfer ins Hotel nach Nordzypern sind nun problemlos möglich.

Auf der Fahrt ab Nikosia passiert man die bestimmenden Landschaften Nordzyperns. Nikosia liegt noch in der weiten, bis an die Ostküste nach Famagusta reichenden Mesaoria-Ebene. Dann überquert das Auto das Beşparmak-Gebirge, eine Kette schroffer, bis 1023 m über den Meeresspiegel aufragender Gipfel, die sich parallel zur Nordküste aneinanderreihen. Der bewaldete Höhenzug lädt zu Wanderungen ein. Kreuzritterburgen verführen nicht nur Kinder zu Ritterspielen. Entlang der Küste im Norden bleibt nur Platz für eine schmale Küstenebene. In diese drängt sich, mit Girne als Zentrum, eine von Lapta bis Çatalköy reichende Agglomeration. Es wird emsig gebaut, mehr Masse als Klasse. Hier stehen auch die meisten Hotels.

Auch von Famagusta aus, der nach Nikosia und Girne dritten Urbanisation Nordzyperns, erobert der Bauboom die Küste und reicht inzwischen bis nach Boğaz. Wer länger bleibt und nicht in Girne und Umgebung Quartier nimmt, findet auch hier ansprechende Strandhotels. Wenig entwickelt sind bislang der äußerste Westen Nordzyperns, also das Gebiet um Lefke und Güzelyurt und die Halbinsel Karpaz im Nordosten. Dort gibt es nur einige wenige, einfache Hotels.

Oben: Blick auf Nordzypern – die Stadt Girne mit Minarett und Hafen
Links: Auf der Karpaz-Halbinsel

Touren in der Region

 Altertümer an der Bucht von Morfou

Route: Girne › Güzelyurt › Soli › Vouni › Girne

Karte: unten
Dauer: 1 Tag, 85 km

Tour-Start:

Dieser Tagesausflug führt von **Girne** **1** › S. 123 an den Stränden der Nordküste entlang zunächst in die Zitrushaine um das Landstädtchen Morfou, das von den Türken heute **Güzelyurt** **5** › S. 129, schönes Land, genannt wird. Unterhalb der antiken Kupferstadt **Soli** **7** › S. 131 rosten eine Erzaufbereitungsanlage und Verladeeinrichtungen als Industrieruinen vor sich hin. Über die ersten Hausherren des auf einem Tafelberg über der Küste angelegten **Palastes von Vouni** **8** › S. 131 können die Wissenschaftler nur spekulieren. Erhalten sind nur Fundamente.

 Im Beşparmak-Gebirge

Route: Girne › Buffavento › Alevkaya › Antifonitis › Girne

Touren in Nordzypern I

Tour **15**

Altertümer an der Bucht von Morfou
Girne › Güzelyurt › Soli › Vouni › Girne

Karte: unten
Dauer: 1 Tag, 80 km
Praktischer Hinweis:
- Die Tagesfahrt mit Kurzwanderung ist nur per Auto zu schaffen.

Tour-Start:

Wie der zackige Rückenkamm eines Drachen zieht sich das »Fünffingergebirge« vom Kap Korucam bis zur Halbinsel Karpaz quer über die Insel. **50 Dinge** (3) › **S. 12**. Wo die Felsen am steilsten sind, scheint die Burg **Buffavento** 9 › **S. 132** auf einem schroffen Gipfel zu kleben. Im Herbarium der Forststation **Alevkaya** 10 › **S. 132** ist Zyperns Pflanzenwelt katalogisiert. In den Wäldern versteckt sich das Kloster **Antifonitis** 11 › **S. 133**.

Tour 17 Ein Ökodorf und die Burg Kantara

Route: **İskele › Boğaz › Büyükkonuk › Kaplıca › Kantara › Iskele**

Karte: unten
Dauer: 1 Tag, 60 km
Praktischer Hinweis:
- In Boğaz kann man Fisch essen, an den Stränden von Kaplıca baden.

Tour-Start:

Die Fahrt startet in **İskele** 16 › **S. 140**. Vom Kai in **Boğaz** 17 › **S. 141** kommt der gerade gefangene Fisch direkt in die Küche der Restaurants. Über das Ökodorf **Büyükkonuk** 18 › **S. 141** geht es an den vom Tourismus am

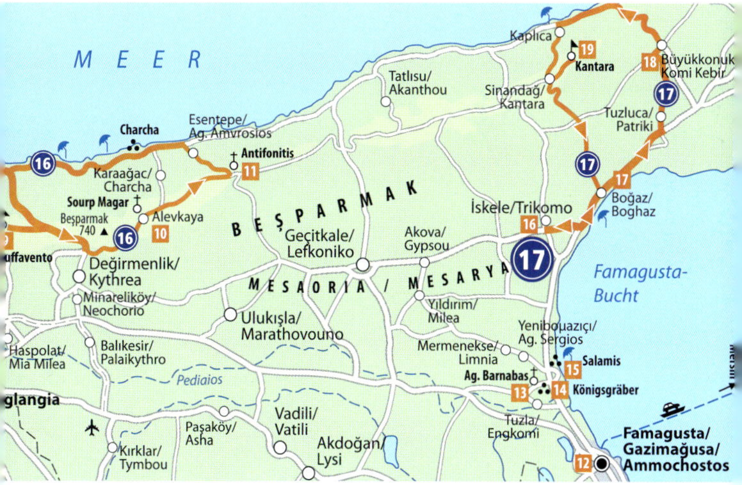

Tour 16
Im Beşparmak-Gebirge Girne › Buffavento › Alevkaya › Antifonitis › Girne

Tour 17
Ein Ökodorf und die Burg Kantara İskele › Boğaz › Büyükkonuk › Kaplıca › Kantara › Iskele

Auf der Karpaz-Halbinsel hat man die Strände oft für sich alleine

wenigsten berührten Teil der Nordküste. Von Kaplıca windet sich ein schmales Bergsträßchen hinauf zur Kreuzritterfestung **Kantara** 19 › **S. 141** mit ihrem herrlichen Ausblick über die Karpaz-Halbinsel.

Halbinsel Karpaz

Route: Sipahi › Dipkarpaz › Golden Beach › **Andreas-Kloster** › Kaleburnu › Yenierenköy

Karte: rechts
Dauer: 1–2 Tage, 125 km
Praktische Hinweise:
• Die Strände ab Mai nicht mit dem Wagen befahren, um die Schildkrötengelege nicht zu zerstören!
• Übernachtung evtl. in Dipkarpaz.

Tour-Start:

In **Sipahi** 21 › **S. 142** künden Bodenmosaiken von einer lebendigen Vergangenheit der ursprünglich gebliebenen Halbinsel im Nordosten Zyperns. In **Dipkarpaz** 22 › **S. 142** leben heute noch Griechen, die sich

dem Exodus 1974 nicht anschlossen. Auf dem Weg nach Osten lädt Zyperns schönster Strand, **Golden Beach** 25 › **S. 142**, zur Erfrischung im Meer ein, bevor es zum **Andreas-Kloster** 26 › **S. 142**, dem bedeutendsten Wallfahrtsziel der Halbinsel, geht. In **Kaleburnu** 27 › **S. 144** wurde jüngst ein spätbronzezeitlicher Fürstensitz entdeckt. Die Tour kann man an einem der hübschen Strände rundum **Yenierenköy** 20 › **S. 142** ausklingen lassen.

Touren in Nordzypern II

Unterwegs in Nordzypern

Girne (Keryneia) `1` ⭐ `9` [E2]

Der romantische Hafen vor dem Hintergrund der steil ansteigenden Beşparmak-Kette macht Keryneia oder Girne, wie die Türken es nennen, zum attraktivsten Ferienort der Insel. In der hufeisenförmigen Hafenbucht, über die an der Ostseite das trutzige Kastell wacht, dümpeln Fischerkähne einträchtig neben mondänen Sportseglern, deren Besitzer das selbst in der Hochsaison beschaulich wirkende Städtchen den Rummelplätzen der Ägäis vorziehen. In den Speicherhäusern um den Hafen wurden früher Johannisbrot und Olivenöl aus den Hainen um die Stadt gelagert. Einige wurden zu Hotels und Ferienwohnun-

gen umgebaut, doch gleich dahinter stehen gewöhnliche Wohnhäuser. Die Hafenpromenade gehört den Fußgängern, keine Autos stören die Stimmung. Souvenirläden locken mit bunten Angeboten, Straßencafés und Tavernen mit kleinen Snacks.

Vermutlich wurde Girne bereits im 10. Jh. v. Chr. von griechischen Achäern gegründet. Bis zur Unterwerfung der Stadt durch König Nikokreon von Salamis (312 v. Chr.) liegt die Geschichte jedoch bisher weitgehend im Dunkeln.

1192 fiel der Ort mitsamt der Familie des letzten byzantinischen Herrschers, die sich in der Burg verschanzt hatte, den Kreuzrittern in die Hände, 1570 ergaben sich Stadt und Festung kampflos den Osmanen. Angelockt vom milden Klima,

Tour 18

Halbinsel Karpaz

Sipahi › Dipkarpaz › Golden Beach › Andreas-Kloster › Kaleburnu › Yenierenköy entdeckten britische Offiziere Girne zu Beginn des 20. Jhs. für den Fremdenverkehr und als Alterssitz.

Festung Ⓐ

Sie ist das besterhaltene Kastell Zyperns. Von der ursprünglichen, wohl im 8. Jh. begonnenen byzantinischen Burg ist noch der Stumpf eines Rundturms erhalten. Von diesem aus gelangt man auf den Umgang, der auf der Mauerkrone um die gesamte Burg herum führt und dabei eine herrliche Aussicht bietet. Die ebenfalls byzantinische Georgskapelle lag damals außerhalb der Burg.

Die Lusignans erneuerten Nord- und Ostmauer, bauten den hufeisenförmigen Nordostturm und die Wohngebäude im Innenhof. Ein Hauch von höfischer Eleganz zog in den militärischen Zweckbau ein.

Ihre heutige Gestalt bekam die Festung im 16. Jh. unter den Venezianern. Einen Eindruck von den bis zu 38 m starken Befestigungen gibt der lange, schlüpfrige Gang, der quer durch den Wall in die Kasematten der Südwestbastion führt. Im Torhaus ruhen die Gebeine von Admiral Sadık Paşa, der die Burg 1570 für die Türken eroberte. Ande-

Girne (Keryneia)

Ⓐ Festung
Ⓑ Schiffsmuseum
Ⓒ Archäologisches Museum
Ⓓ Cafer Paşa Moschee
Ⓔ Volkskundemuseum
Ⓕ Kirche des Erzengels Michael

An der Hafenpromenade von Girne laden Cafés zum Verweilen ein

re Räume des Kastells wurden mit lebensgroßen Puppen und nachgestellten Szenen ausstaffiert. Hart an der Geschmacksgrenze präsentiert sich der Kerker. Vom Schrecken kann man sich im Café erholen.

Schiffsmuseum

Das Schiffsmuseum auf der Ostseite des Burghofs beherbergt den Rumpf eines Segelschiffs, das zwischen 288 und 262 v. Chr. unterging oder nach einem Überfall von Piraten versenkt wurde. Sie überließen – das legen zumindest die ausgestellten Funde nahe – den vier Seeleuten gerade noch das Essbesteck, mit Mandeln gefüllte Amphoren sowie 29 Mühlsteine, die das Schiff vermutlich als Ballast mit sich führte.

Archäologisches Museum

Nebenan versammelt das Archäologische Museum Funde der jüngsten Ausgrabungen in der Umgebung Girnes: Eine nachgebaute Steinzeithütte wurde mit Objekten aus dem nahen Çatalköy ausgestattet, ein rekonstruiertes Grab zeigt bronzezeitliche Grabbeigaben aus Pınarbaşı. Die archaische Zeit ist mit interessanten Entdeckungen aus Agia Irini vertreten, von wo auch die imposanten Terrakottafiguren im Nationalmuseum (Süd-Nikosia) stammen (tgl. 8–18 Uhr, Nov. bis März bis 16 Uhr geöffnet).

An der Hafenbucht

Vor dem Hintergrund der Berge bildet das über das Häusermeer aufragende Minarett der **Cafer Paşa Moschee** einen wahren Blickfang. Der Besuch des kleinen **Volkskundemuseums** in einem alten Speicherhaus am Hafen, das einst von einer britischen Lady als Privatsammlung angelegt wurde, lohnt sich allenfalls an einem Regentag (tgl. 8.30–15 Uhr, Schlüssel am Eingang zur Burg erhältlich).

Die 1860 vollendete **Kirche des Erzengels Michael** ❻ ist neben Hafen und Burg das dritte Wahrzeichen von Girne. In dem bis auf die Ikonostase nahezu schmucklosen Innenraum erwartet die Besucher heute eine Ikonensammlung. Leider sind die aus den Kirchen der umliegenden Dörfer zusammengetragenen Exponate bislang nur unzureichend beschriftet (tgl. 8.30 bis 15 Uhr).

Info

Girne Turizm Ofisi
• Am Hafen | Girne
Tel. 815 2145 | tgl. 9–19 Uhr

Verkehr

• **Schiff:** Vom neuen Hafen 3 km östlich des Zentrums verkehren täglich Autofähren ins türkische Taşucu.
• **Bus, Servicetaxi:** Vom Rathausplatz (Ramadan Cemil Meydanı) bestehen gute Verbindungen nach Nikosia, Famagusta, Güzelyurt sowie entlang der Westküste bis Karşıyaka und entlang der Ostküste bis Esentepe.

Hotels

Dome €€
Das etwas ältere Hotel mit hohen, geräumigen Zimmern und Kolonialzeit-Flair steht mitten im Ort auf einer ins Meer hinausragenden Felsnase.
• Kordon Boyu | Girne
Tel. 815 2453
www.hoteldome.com

White Pearl €€
Das einzige Hotel am Hafen. ❗ Die meisten der gerade mal zehn Zimmer haben Hafenblick. Abends trifft man sich in der Bar auf dem Dach.
• Am Hafen | Girne
Tel. 815 0430
www.whitepearlhotel.com

Restaurants

Efendi €€
Fusionsküche in alten Mauern.
Mo–Sa ab 19, So 12–19 Uhr.

> **Erst-
> klassig**

Stimmungsvoll einkaufen – Inselmärkte

• Zyperns größter Flohmarkt, der **Fasouri Flea Market [C6]**, findet jedes Wochenende von 9–19 Uhr am Ortsrand von Asomatos (bei Limassol) statt. Freier Eintritt und genügend Parkplätze.
• Der **Municipal Market [D6]** in der städtischen Markthalle von Limassol bietet köstliche Inselerzeugnisse (Odos Georgiou Gennadiou, Mo–Sa 6–14.30, Mi bis 13.30 Uhr).
• Immer sonntags an der Uferpromenade auf Höhe des Stadtzentrums von Limassol findet der **Sunday Market [D6]** statt. Angeboten werden Textilien, Schuhe, Kosmetika, Elektronik. Auch Imbissstände mit Ethno-Food.
• Der **Ochi Square Market [E3]** in Nikosia ist ein Bauernmarkt auf der Costanza-Bastion der Stadtmauer (Mi/Sa ab 6 Uhr).
• Regionales Obst, Gemüse, Olivenöl u. Ä. gibt es auf dem **Open Market** in Girne › S. 127 (Mi ab 6 Uhr, Nureddin Ersin Sok.).

Romantischer Garten bei den Ruinen der gotischen Abtei Bellapais

Kamil Paşa Sok. | Girne
Tel. 867 9677 | www.efendirestaurant
northcyprus.com

Niazi's €€

❗ In rustikalem Ambiente gibt es zyprische Grillküche. Spezialität ist das wirklich magenfüllende »Full Kebab«.
• Kordon Boyu | Girne
Tel. 815 2160 | www.niazis.com

Nightlife
Escape Beach Club
Tagsüber Strandbar, abends Restaurant,
nachts Clubbing bis in den Morgen.
• Alsancak | Girne
www.escapebeachclub.com

Shopping
Als eine echte Fundgrube für Teppiche,
Kleider, Kupferwaren und Bücher, aber
auch für Ramsch und Kitsch empfehlen
sich das **Souvenirgeschäft** im alten
Turm, schräg gegenüber dem Eingang
der Markthalle. ❗ Mittwochs findet am
Busbahnhof ein Wochenmarkt statt.

Ausflüge von Girne

Abtei Bellapais 2 ⭐ [E2]
Die gotische Abtei steht inmitten
eines schläfrigen Bergdorfs gleichen
Namens, das einen »Baum des Mü-
ßiggangs« pflegt. Augustiner grün-
deten das Kloster 1205, doch wechselten die Mönche bald in den
Prämonstratenser-Orden.

Mit seinen Spitzbögen und Kreuz-
rippengewölben im Stil der nord-
französischen Gotik müsste der
Konvent eigentlich ein Fremdkörper
in der levantinischen Landschaft
sein – doch die Ruinen fügen sich
durchaus harmonisch zwischen den
Olivenhainen, Zypressen und Dat-
telpalmen ein.

Das Wappen der Lusignan-Dynastie über dem Durchgang zum
Speisesaal erinnert an die königlichen Wohltäter der Abtei: Hugo I.
schenkte den nach dem Fall Jeru-
salems vertriebenen Augustinern
große Ländereien, Hugo III. (1267

bis 1284) gewährte, sehr zum Ärger des Erzbischofs, dem hiesigen Abt das Privileg, während des Gottesdienstes die Bischofsmitra zu tragen.

Bei der Ankunft der Osmanen war Bellapais jedoch baulich und moralisch in Verfall begriffen. Ein venezianischer Inspekteur beklagte um die Mitte des 15. Jhs., dass die Mönche keine Messen mehr läsen, sondern sich stattdessen nur noch ihren Konkubinen und Kindern widmeten.

Zu besichtigen ist die Abtei ca. 6 km südlich von Girne von April bis Okt. tgl. von 8–19 Uhr, Nov. bis März 8–17 Uhr. Im späten Frühjahr gibt es abends im Rahmen des Bellapais-Musikfestivals Kammermusik und Gesang (www.bellapais festival.com). **50 Dinge** ㉚ › S. 15.

Buch-Tipp:
Eine »impressionistische Studie über die Atmosphäre in Cypern während der unruhigen Jahre 1953 bis 1956« ist **Bittere Limonen** von Lawrence Durrell (rororo-Taschenbuch). Der berühmte britische Romancier lebte einige Jahre in Bellapais.

St. Hilarion ③ ⭐ [E2]

Schon ihre herrliche Lage macht die Bergfeste zu einer der schönsten Sehenswürdigkeiten Nordzyperns: Eine romantische Ritterburg, deren Zinnen und Türme aus den schroffen Kalksteinfelsen des Kyrenia-Gebirges zu wachsen scheinen.

Der Name geht möglicherweise auf einen Mönch aus Palästina zurück, der seinen Lebensabend (gestorben 371 n. Chr.) in Zypern verbrachte. Die Heiligengeschichte kennt jedoch noch 15 weitere fromme Männer dieses Namens. Aus der Einsiedelei des Heiligen entwickelte sich jedenfalls ein Kloster, das die Byzantiner im 10. Jh. zu einer Burg ausbauten.

1228–1232 spielte Hilarion eine Schlüsselrolle beim Versuch des Stauferkaisers Friedrich II., sich Zypern auf dem Sechsten Kreuzzug quasi im Vorbeigehen anzueignen. Die Kaisertreuen sowie die Anhänger der Lusignan-Könige wechselten mehrfach die Rollen von Belagerern und Belagerten, bis das staufische Heer auf der Passhöhe unterhalb der Burg schließlich vernichtend geschlagen wurde.

Hilarion besteht aus drei übereinander angelegten, in sich abgeschlossenen Einheiten. In der **Vorburg** waren die Stallungen und das Quartier der Soldaten untergebracht. Die **Unterburg** wuchs um das Kloster herum, in dessen Refektorium die Lusignan-Könige ihre Bankette feierten. Von der arg zerfallenen **Oberburg** bietet sich ein weiter Ausblick über die Küstenebene und das Meer. **50 Dinge** ㉖ › S. 15.

Die Zufahrt zur Burg führt durch ein Militärgelände, das nur mit dem Auto und ohne Anhalten passiert werden darf. Fußgänger und Radfahrer werden von den Soldaten nicht durchgelassen. April–Okt. tgl. 9.30–18.30 Uhr, Nov.–März tgl. 8 bis 15.30 Uhr.

Karaman ④ [E2]

Karaman (Karmi) wurde als Zweitwohn- oder Alterssitz zuerst von

Die ehemalige Bergfeste St. Hilarion liegt in herrlicher Umgebung

britischen Rentnern entdeckt, heute wohnen auch viele Deutsche in den mit Geschmack restaurierten Häusern des Orts. Da viele Eigentümer gerade nur ein paar Wochen im Jahr hier sind, vermieten sie ihre Häuser auch als Ferienwohnung. Am besten fragt man im Restaurant nach.

Wohl dank der vielen Ausländer im Dorf hat die äußerlich unscheinbare Kirche die türkische Invasion unversehrt überstanden, und am späten Sonntagvormittag können die Ikonen und die Ikonostase besichtigt werden. Auch der bronzezeitliche Friedhof mit dem archaischen Halbrelief einer menschlichen Figur (Grab 6) lädt zu einem Besuch ein.

Restaurants

Levant €€€
Das Lokal am Kirchplatz ist mit wertvollen Antiquitäten eingerichtet. Serviert wird britische und zyprische Küche,

nachmittags Kaffee und Kuchen. Mo Ruhetag.
• Karaman | Tel. 822 2559

The Ambiance €€
»The Ambiance« liegt schön am Meer und serviert türkische und internationale Küche. Abends wird eine Reservierung empfohlen. Einen Ruhetag gibt es nicht.
• Karaoğlanoğlu
  Tel. 822 2849

Crow's Nest Pub €
Das Pub bietet im Zentrum von Karaman neben Guinness und Snacks auch außergewöhnlich schöne Postkarten zum Kauf. Mi Ruhetag.

Güzelyurt (Morfou) **5** [D3]

Die 15 000 Einwohner zählende Kleinstadt liegt inmitten großer Zitrusplantagen. Bis 1974 war Morfou eine weitgehend griechische

Stadt. Viele der Bewohner stammen aus den ehemals türkischen Weindörfern des Troodos. **50 Dinge** ⑩ › S. 13, **50 Dinge** ⑰ › S. 14.

Neben einem kleinen **Museum** und der schlichten **Arab-Ahmet-Paşa-Moschee** ist insbesondere die **Kirche Agios Mamas** aus dem 18. Jh. sehenswert, in der einige antike Architekturfragmente verbaut sind – darunter zwei Säulen. Unter einem gotischen Bogen, in dem Tafelbilder die Lebensgeschichte des heiligen Mamas schildern, ruht sein byzantinischer Sarkophag.

Auf vielen Ikonen und auf einem Relief am Westportal reitet Mamas, in dem die Gestalten eines Hirten und eines Eremiten verschmolzen sind, auf einem Löwen und trägt dabei ein Lamm auf dem Arm. Außer als Beschützer der Tiere wird er auch als Patron der Steuerschwindler verehrt. Dazu weiß der Volksmund, dass der Heilige eines Tages nach Nikosia vorgeladen wurde, um vor dem byzantinischen Statthalter zu begründen, warum er keine Steuern bezahle. Unterwegs bändigte Mamas einen Löwen, der gerade ein Lamm verschlingen wollte, und ritt auf dem König der Tiere in der Hauptstadt ein. Als der Gouverneur dies hörte, verzichtete er auf die Begegnung. Auch die Steuereintreiber sollen es nie mehr gewagt haben, den Heiligen zu belästigen. Der Bischofspalast nebenan beherbergt heute ein naturkundliches und archäologisches **Museum**. Prominente Ausstellungsstücke sind ein goldenes Diadem mit Weinranken und eine Statue der »vielbrüstigen«, tatsächlich mit den Hoden von Opfertieren behängten Göttin Artemis von Ephesos (tgl. April–Okt. 8–18 Uhr, Nov.–März 8–15.30 Uhr). **50 Dinge** ㉗ › S. 15.

Die persischen Statthalter genossen Meerblick – Ruinen des Palastes in Vouni

Verkehr

- **Bus:** Mo–Sa tagsüber nach Nikosia und Girne

Restaurant

Pizza Vira €

Beliebtes Studentenlokal mit Pizza und Pasta.

- Ecevit Cad., beim Busbahnhof

Lefke 6 [C4]

In Gemikonağı, dem »Ruheplatz der Schiffe«, zeugen verlassene Halden, verrostende Silos und ein ins Meer ragendes Förderband davon, dass hier einmal Kupfererz verladen wurde. Der schon in der Antike betriebene Abbau wurde in den 1960er-Jahren mangels Rentabilität eingestellt.

Das etwas landeinwärts gelegene Städtchen Lefke überrascht mit üppigen Gärten und Palmenhainen. Die Studierenden der European University und die aus aller Welt kommenden Anhänger des Sufimeisters Nazim al-Haqqani geben dem Ort ein hier nicht erwartetes internationales Flair.

Hotel

Lefke Gardens €

Dorfhotel mit 21 Zimmern in liebevoll renoviertem Altbau mit idyllischem Innenhof.

- Fadil Nekipzade Street 22
  Lefke | Tel. 728 8223
  www.lefkegardenshotel.org

Restaurant

Aygün'ün Yeri €

Serviert feine Fischgerichte.

- Am Ufer in Gemikonaği

Soli 7 ⭐ [C3/4]

Schwedische Archäologen fanden vor gut 60 Jahren auf dem Ruinenfeld der antiken Kupferstadt die Statue der »Aphrodite von Soli«. Die von der Fremdenverkehrswerbung zum Wahrzeichen des antiken Zypern hochstilisierte Marmorstatue aus dem 2. Jh. v. Chr. war tatsächlich nur das Serienprodukt einer namenlosen Werkstatt nach dem Typus der Knidischen Aphrodite von Praxiteles. Heute hat sie jedoch einen Ehrenplatz im Nationalmuseum. Vor Ort ist das weitgehend rekonstruierte römische Theater sehenswert, von dessen Sitzrängen man einen herrlichen Blick hat. Machen Sie auf der Bühne eine Singprobe und überzeugen sich von der hervorragenden Akustik.

Den Boden der Basilika schmücken Mosaiken mit Tierdarstellungen, darunter das besonders gelungene Bild eines Schwans. Eine Inschrift bittet: »O Christus, rette den Spender dieses Mosaiks«. Ein Blechdach schützt die Mosaiken vor der Zerstörung durch Wind und Wetter. Bisher wurde bei den Ausgrabungen nur ein Bruchteil des Stadtgebietes freigelegt (April bis Okt. tgl. 8–19 Uhr, Nov.–März 8 bis 15.30 Uhr).

Palast Vouni 8 ⭐ [C3]

Auf einem Hügel 235 m über dem Meer residierten 498–449 v. Chr. die persischen Statthalter, die sich im griechenfreundlichen Soli nicht sicher fühlten. Sie bauten die Anla-

Blick auf die Burgruine Buffavento im Beşparmak-Gebirge

ge aus und gönnten sich eine komfortable Badeanlage von einer Technik und Finesse, wie sie die Römer erst Jahrhunderte später erreichten. Erhalten sind nur die Fundamente des im 4. Jh. abgebrannten Palastes, doch allein Aussicht und Atmosphäre sind den Ausflug hierher wert (tgl. 8–17, Nov.–März bis 15.30 Uhr).

Im Beşparmak-Gebirge

Buffavento 9 ⭐ [E3]

Die Burg (954 m ü. d. M.), wo der Wind weht, ist Zyperns höchste, am stärksten zerstörte, am wenigsten erforschte. Man wundert sich, wie die Byzantiner das zerklüftete Terrain aus Felsspitzen und Abhängen

so weit einebnen konnten, dass Platz für die Gebäude entstand. Festungsbauten waren nicht erforderlich. Die Lage über den senkrecht abfallenden Felsen bot mehr Sicherheit als jede Mauer. Die düstere Feste verbirgt sich oft in Wolken oder Nebelschwaden. Im Mittelalter wurde sie gern als Gefängnis benutzt. Jean de Visconte, der eine Lusignan-Königin bei ihrem Gatten wegen amouröser Abenteuer angeschwärzt hatte, litt hier angekettet und ohne Nahrung wochenlang, bis der Tod ihn erlöste.

Alevkaya 10 [F3]

In der Sommerfrische in Alevkaya pflegen die Zyprer in der Ferienzeit inmitten eines üppigen Nadelwaldes ihr liebstes Hobby, das Grillpicknick. ⚠ Markierte Wanderwege erschließen den Wald, wochenends öffnet ein Restaurant.

Das Forsthaus beherbergt mit dem Herbarium eine kleine Attraktion. In mühseliger Arbeit sammelte und katalogisierte der Brite Deryck Viney fast alle 1200 in Nordzypern bekannten Pflanzen. Viele wurden getrocknet, gepresst und gezeichnet. Verblichene Fotos seltener Orchideen zeigen Blumenfreunden, welche Exoten es auf Zypern zu entdecken gibt.

Das armenische **Kloster Sourp Magar** wurde bei der türkischen Friedensoperation 1974 gezielt zerstört – Resultat des Hasses der Türken auf die Armenier. Heute ist die Klosterruine mit ihren Obstbäumen als Picknickplatz beliebt.

Antifonitis 🔟 ⭐ [F2/3]

Oberhalb von Esentepe liegt in einem dichten Mischwald das »Echo-Kloster«, wie es wegen seiner Lage in einem Bergkessel heißt. Es steht inmitten einer Lichtung, die im späten Frühjahr der Mohn mit roten Tupfen überzieht. Antifonitis ist Zyperns letzte byzantinische Kirche (12. Jh.) und neben der Kapelle auf der Hilarion-Burg das einzige Gotteshaus der Insel, dessen Kuppel auf acht Pfeilern ruht – gewöhnlich sind es vier. Viele der Fresken sind inzwischen zerstört, oft waren dabei Kunsträuber am Werk. Fachmännisch abgelöste Wandmalereien geben jedoch ältere Heiligenbilder frei (tgl. 8–17, Nov.–März bis 15.30 Uhr, der Wächter verkauft Getränke und kleine Snacks).

Famagusta (Gazimağusa) 12 [H4]

Mit der Teilung Zyperns fiel Famagusta in einen Dornröschenschlaf. In der von mächtigen Wallanlagen geschützten Altstadt streben gotische Kirchenruinen gen Himmel, byzantinische Kapellen verstecken sich zwischen Gärten und Gemüsefeldern. Längst füllt die von den Türken Gazimağusa, von den Griechen Ammochostos genannte Stadt (40 000 Einwohner) den Mauergürtel nicht mehr aus. 365 Gotteshäuser soll sie einmal besessen haben – davon sind heute noch ca. 25 Kirchen auszumachen.

Nur wenige Betonbauten stören das Ensemble der Altstadt. Nachtleben darf man nur im Universitätsviertel draußen an der Straße nach Salamis erwarten. Quer über den Badestrand verläuft ein Stacheldrahtzaun und riegelt das ehemalige Hotelviertel Varosha ab › S. 19. Geblieben sind den Einwohnern Famagustas und den Feriengästen jedoch die weiten Sandstrände im Norden.

Ptolemaios II. gründete den Ort im 3. Jh. v. Chr. und benannte ihn nach seiner Gattin Arsinoë. Nach dem Fall von Akko (1291) wurde Famagusta, jetzt an der Ostgrenze des christlichen Abendlandes, zur Drehscheibe im Handel zwischen Orient und Okzident. Christliche Flüchtlinge aus Palästina ließen sich nieder.

Die christlichen Gemeinden wetteiferten mit immer prächtigeren Kirchenbauten. Die Blütezeit der Stadt währte jedoch keine 100 Jahre. 1372 fiel Famagusta in die Hände der Genuesen, die es rücksichtslos auspressten und mit hohen Zöllen und Steuern die international großen Handelshäuser vertrieben. Auch in der venezianischen Zeit (1489–1571) erreichte die Stadt nicht mehr ihre frühere Bedeutung.

Zwischen Landtor und Kathedrale ⭐

Das **Landtor** Ⓐ, durch das man heute die Stadt betritt, wurde erst von den Osmanen errichtet. Zuvor führte der Weg über eine Zugbrücke und mitten durch die Bastion **Ak Kule** Ⓑ (Mo–Fr 8–15.30 Uhr). Durch die Istiklâl Caddesi, die Einkaufsstraße der Stadt, gelangt man zur Ruine des **Palazzo del Provveditore** Ⓒ, des Palastes der venezianischen Statthalter. In einem Seitentrakt wurde einige Jahre der türkische Dichter Namik Kemal (1840–1888) gefangen gehalten, ein Freigeist, der heute als intellektueller Wegbereiter des türkischen Nationalstaats verehrt wird. Seine Büste steht am Hauptplatz im Schatten einer mächtigen Sykomore (eine Art Feigenbaum), die mit 700 Jahren der älteste Baum auf der Insel ist. Der Baum gedieh schon, als 1298 bis 1326 die frühere katholische **Kathedrale Sankt Nikolaus** Ⓓ erbaut wurde. Heute wird sie von Muslimen als Lala Mustafa-Moschee genutzt und im Volksmund Agia Sofya-Moschee genannt. Neben der Sophienkathedrale in Nikosia war Sankt Nikolaus die zweite Krönungskirche der Lusignan-Herrscher. Die nach dem Vorbild der

Kathedrale von Reims gestaltete Westfassade und die mit Maßwerk verzierte Portalseite sind Meisterwerke der Gotik. Ein Erdbeben und die Kanonenkugeln der osmanischen Belagerer haben die Türme der Kathedrale stark beschädigt. **50 Dinge** ㉕ › **S. 14.**

Hauptattraktion der Altstadt sind neben den Kirchen die imposanten Befestigungen, die nach Plänen von Giovanni Sanmicheli (gest. 1558), einem Neffen des italienischen Festungsbaumeisters Michele Sanmicheli, errichtet wurden. Wer etwas Zeit hat, dem sei der Rundgang um den 3 km langen, mit großen Stein-

quadern und 15 Bastionen verstärkten **Wallmauer** empfohlen.

Am Hafen

Auf der Hafenseite des **Seetors** **E** (1496) prangt ein geflügelter Markuslöwe. Auch die Stadtseite wird von einem steinernen Löwen bewacht. Der Sage nach birgt er in seinem Schlund einen Schatz. Falls dieser je geborgen wurde, hat der glückliche Finder darüber striktes Stillschweigen bewahrt.

Über dem Haupteingang der imposanten, jüngst gründlich instandgesetzten **Hafenzitadelle** **F** mit dem Othello-Turm ist neben einem wei-

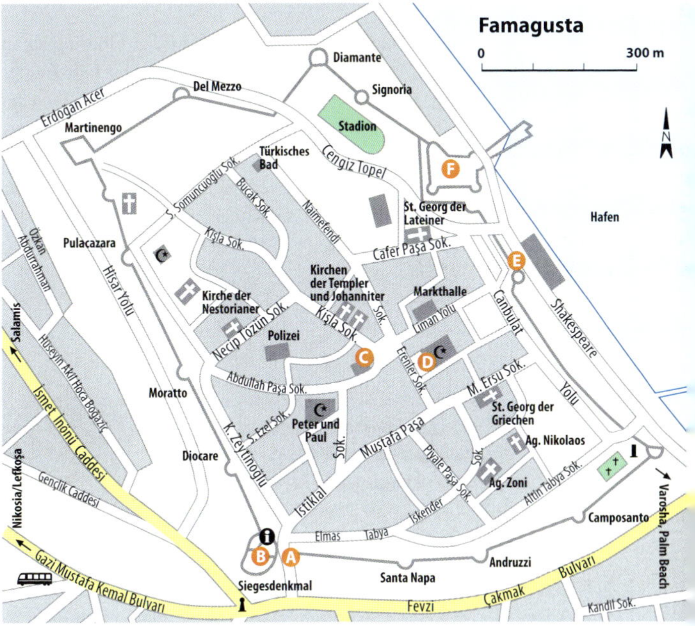

Famagusta

0   300 m

[Stadtplan von Famagusta mit folgenden beschrifteten Orten:] Diamante, Del Mezzo, Signoria, Erdoğan Acer, Martinengo, Stadion, Türkisches Bad, Cengiz Topel, **F**, St. Georg der Lateiner, Hafen, S. Somuncuoğlu Sok., Büčük Sok., Nalmefendi, Cafer Paşa Sok., Pulacazara, Hisar Yolu, Kışla Sok., **E**, Camibulat, Kirche der Nestorianer, Necip Tozun Sok., Kirchen der Templer und Johanniter, Markthalle, Liman Yolu, Shakespeare, Okkan Abdurrahman, Kışla Sok., Polizei, Fener Sok., **D**, **C**, Abdullah Paşa Sok., M. Ersu Sok., Moratto, K. S. Esef Sok., K. Zeytinoğlu, Mustafa Paşa Sok., St. Georg der Griechen, Ag. Nikolaos, Hüseyin Mehmed Boğazı, İsmet İnönü Caddesi, Salamis, Diocare, Peter und Paul, İstiklal, Sok., Piyale Paşa Sok., Ağ. Zoni, Altın Tabya Sok., Varosha, Palm Beach, Nikosia/Lefkoşa, Gençlik Caddesi, Tabya, İskender, Camposanto, Elmas, Santa Napa, Andruzzi, **B** **A**, Siegesdenkmal, Fevzi, Çakmak, Bulvarı, Kandil Sok., Gazi Mustafa Kemal Bulvarı

A Landtor   **C** Palazzo del Provveditore   **E** Seetor
B Ak Kule   **D** Kathedrale Sankt Nikolaus   **F** Hafenzitadelle

Blick auf Famagusta und die Kathedrale Sankt Nikolaus

teren Markuslöwen der Name des Baumeisters Foscarini eingemeißelt. Der Turm wurde nach Shakespeares Drama benannt, und vielleicht hat sich die vom Autor in einem »Seehafen von Zypern« angesiedelte Intrige um Othello, den »Mohren von Venedig«, hier abgespielt. Von 1506 bis 1508 regierte in Famagusta der Statthalter Christoforo Moro, und der um 1540 hier stationierte Francesco da Sessa trug wegen seiner dunklen Hautfarbe den Spitznamen Capitan Moro (Zitadelle März–Okt. tgl. 8–17 Uhr, Nov.–März 8–15.30 Uhr).

Eine nicht weniger blutige Geschichte rankt sich um die an ihrem Leuchtturm leicht erkennbare **Canbulat-Bastion**. Ihren Eingang sollen die Venezianer bei der türkischen Belagerung mit einer wahren Höllenmaschine gesichert haben: Eine drehbare, mit Messern besetzte Walze drohte jeden Eindringling in Stücke zu reißen. Der todesmutige Canbulat aber warf sich mit seinem Pferd in die Maschine und zerstörte sie so. Sein Grab bildet den Mittelpunkt eines kleinen Museums zur Geschichte der Stadt (Mo–Fr 8 bis 15.30 Uhr).

Info

Turizm Ofisi
- Im Landtor | Famagusta
  Tel. 366 2864
  Mo–Fr 9–17, Sa/So bis 18 Uhr

Verkehr

- **Schiff:** Autofähren verkehren mehrmals in der Woche nach Mersin (Türkei).
- **Bus:** Der Busbahnhof liegt etwa 500 m vom Landtor entfernt an der Straße nach Nikosia. Die Firma İtimat (Fahrten nach Nikosia) hat ihr eigenes Büro am Siegesdenkmal.

Hotels

Arkin Palm Beach €€€
Famagustas renommiertestes Hotel,
20 Gehminuten vom Zentrum entfernt
an einem herrlichen Strand gelegen.
Unmittelbar vor der Geisterstadt
Varosha. Es bietet u.a. einen Innenpool
und ein Dampfbad für Wellness oder die
kühlere Jahreszeit.
• Nadir Yolu | Famagusta
  Tel. 366 2000
  www.arkinpalmbeach.com

Long Beach €€
Weitläufige, nicht mehr ganz neue Bun-
galowanlage direkt am Strand. Apartments teilweise mit Küchenzeile.
• km 15 Salamis Yolu | Famagusta
  Tel. 378 9000
  http://longbeach-cyprus.com

Weitere Hotels liegen etwa 10 km im
Norden am Strand von Salamis.

Restaurants

Gingko €€
Café-Restaurant neben der Kathedrale,
im Kuppelsaal der früheren Medrese.
Klassische Musik, Gerichte aus aller
Welt.
• Namik Kemal Sok. | Famagusta
  Tel. 366 6660

Konditorei Petek €
Die beste Konditorei der Insel wartet mit
in Vitrinen verlockend präsentierten
Schlemmereien auf. Treffpunkt der schi-
cken und reichen Jugend, auch UNO-
Blauhelme geben sich hier gern ein
Stelldichein. Täglich von frühmorgens
bis Mitternacht.
• Yesil Deniz Sok. 1
  Famagusta-Seetor

Monks Inn €
Ein Pub auf britische Art in einem mit
Geschmack eingerichteten Gewölbe.
Besitzer James Hayhow versteht sich auf
gute Cocktails, aber im Monks gibt es
auch Snacks und einfache Gerichte zum
Essen. So Ruhetag.
• Am Chor der Kathedrale
  Famagusta

Strände
Von dem feinen Sandstrand Varoshas ist
leider nur der nördlichste Zipfel um das
Palm Beach Hotel zugänglich.
Weitere Strände findet man Richtung
Salamis.

Ausflüge von Famagusta

Barnabas-Kloster 13 [G3]
Wer beim Dorf Tuzla die Ausgrabungen von Enkomi besuchen will,
sollte möglichst archäologische
Vorbildung oder viel Fantasie mitbringen. Nur so wird aus den seit
2000 v. Chr. angelegten Fundamen-
ten von Zyperns erster Stadt mehr
als bloß ein Gewirr von Steinmau-
ern. Auch das **Scheingrab des Nikokreon,** des letzten Königs von
Salamis, der sich 311 v. Chr. lieber
in die Flammen seines brennenden
Palastes stürzte, als sich dem Ptolemaios zu ergeben, ist für Laien nicht
mehr als ein Erdhügel am westli-
chen Ortsausgang von Tuzla.

Interessanter ist das **Kloster des
heiligen Barnabas,** einst eines der
bedeutendsten Klöster Zyperns. In
der 1756 erbauten Klosterkirche
schildern übergroße Wandbilder

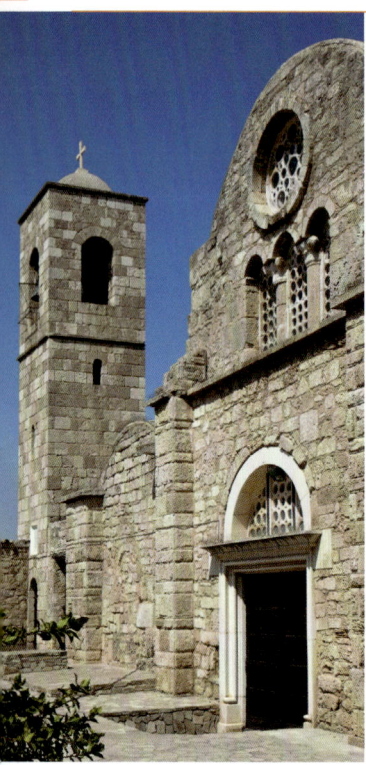

Das Kloster des heiligen Barnabas

Königsgräber 14 [G/H3]

Zwischen dem Barnabas-Kloster und Salamis kann man die Königsgräber besuchen. Vom 8. bis 6. Jh. v. Chr. wurden hier die Herrscher und Vornehmen von Salamis in monumentalen Steinkammergräbern mit kostbaren Inventaren beigesetzt. Obwohl die etwa 150 bekannten Gräber in der Antike und im Mittelalter geplündert wurden, blieben einige Grabbeigaben erhalten. Schmuck, Tongefäße und Möbel zeigt das Nationalmuseum in Nikosia › S. 110. Die Pferde, deren Skelette vor Ort im Boden blieben und unter Glas zu sehen sind, zogen die Leichenwagen, wurden erschlagen und verscharrt. Über das sog. Gefängnis der heiligen Katharina (Grab Nr. 50) bauten frühe Christen ein Tonnengewölbe – hier soll eine zum Christentum übergetretene Prinzessin lebendig eingemauert worden sein. Lange diente der Bau als Kapelle (tgl. 8–15.30 Uhr).

Salamis 15 ★ [H3]

Der Überlieferung nach wurde Salamis von dem in Homers »Ilias« gefeierten Troja-Kämpfer Teukros gegründet und nach dessen Heimat, einer Insel vor Athen, benannt. Infolge der Versandung des Hafens, dessen Kaimauern bei ruhigem Wasser auf dem Meeresgrund zu sehen sind, und infolge wiederholter Überfälle der Araber wurde Salamis im 7. Jh. aufgegeben. Mit Ausnahme eines einzigen älteren Grabes datieren diese Gebäude alle aus der hellenistischen und römischen Epoche.

die Geschichte um die Gründung der zyprisch-orthodoxen Kirche: Von einer Vision geleitet, entdeckte Erzbischof Anthemios anno 478 das Grab des heiligen Barnabas. Damit konnte sich die Kirche auf einen Apostel zurückführen und ihre Unabhängigkeit (Autokephalie) von den anderen orthodoxen Patriarchen beweisen. In den ehemaligen Klosterräumen zeigt ein **Archäologisches Museum** eine Auswahl der nach 1974 gemachten Funde, darunter einzigartige Terrakotta-Votivgaben (tgl. 8–19 Uhr, Nov.–März bis 17 Uhr).

Für den Besuch sollte man sich ausreichend Zeit nehmen, denn die Sehenswürdigkeiten liegen kilometerweit verstreut. Statt sie mit dem Auto abzufahren, sollte man das Areal zu Fuß besichtigen und die Wanderung am Badestrand des Ruinenfeldes erholsam ausklingen lassen. Das römische **Gymnasium** Ⓐ wurde über einer älteren hellenistischen Ringerschule erbaut. Mit seinem von einem Säulengang umgebenen Hof war es weit mehr als eine Sportstätte. Hier traf sich die Männerwelt, diskutierte über Politik und Philosophie und verhandelte

Geschäfte. Wie bei allen öffentlichen Gebäuden hatte auch zum Gymnasium nur die Elite Zutritt, die römisches Bürgerrecht besaß.

Unmittelbar an den östlichen Säulengang schließen sich die **Thermen** Ⓑ an. In den Wandnischen des südöstlichsten Raums, eines Sudatoriums (Schwitzraums), sind noch spärliche Mosaiken mit Szenen aus der griechischen Mythologie erhalten. Die Nischen wurden spätestens während des Bilderstreits zugemauert, um die heidnischen Bilder den Blicken der Gäste zu entziehen. Das Wasser für das Badehaus und die

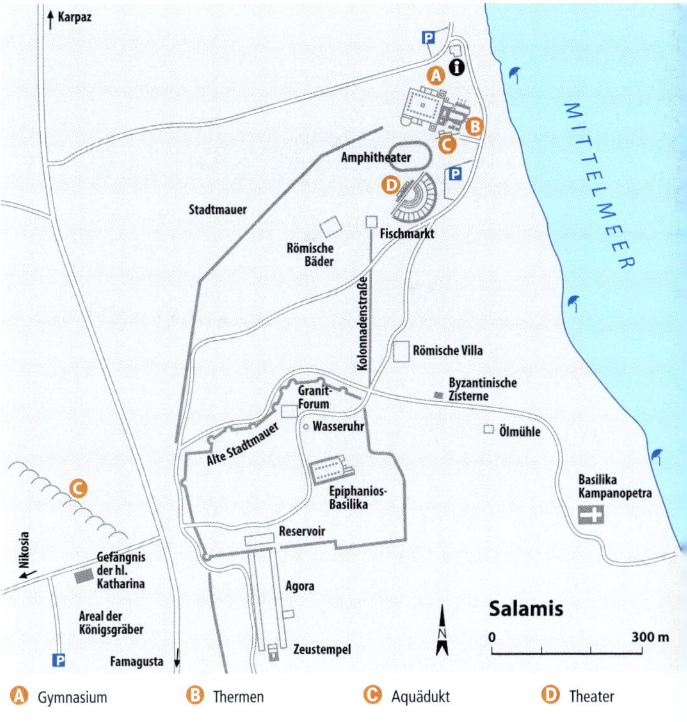

Ⓐ Gymnasium   Ⓑ Thermen   Ⓒ Aquädukt   Ⓓ Theater

Nur ein Bruchteil der Stadt Salamis

ganze Stadt wurde über ein **Aquädukt** aus dem 60 km entfernten Kythrea herangeführt. Reste einer Zisterne, in die die Leitungen mündeten, sind neben den Thermen zu erkennen. An der Abzweigung zu den Königsgräbern kann man noch weitere Spuren der Wasserleitung entdecken.

Vorbei an den Resten eines Amphitheaters erreicht man das römische **Theater** . Mit Plätzen für 20 000 Zuschauer war es eines der größten im gesamten Mittelmeerraum. In der Mitte der halbrunden Orchestra (Bühne) stand in der Antike ein Dionysos-Altar. Zwanzig der einst fünfzig Sitzreihen wurden restauriert. Im Sommer werden gelegentlich Theater- oder Folkloreaufführungen veranstaltet (tgl. 8–19, Nov.–März bis 15.30 Uhr).

SEITENBLICK

Kopflos

Die Statuen von Salamis, deren schönste im Nationalmuseum ausgestellt sind, wurden allesamt enthauptet. Als Täter kommen neben Frühchristen, denen die heidnischen Symbole ein Ärgernis waren, auch Antiquitätenjäger der venezianischen Zeit infrage. Schon in der Renaissance wurden antike Köpfe nach Europa verschleppt.

Restaurant

Kocareis €€

Dieses gemütliche Strandrestaurant bietet frischen Fisch und einige Tagesgerichte, dazu Salate und Bier.
• Nahe dem Salamis Bay Hotel

İskele 16 [G/H3]

In der schönen Kreuzkuppelkirche Panagia Theotokos des Verwaltungsstädtchens wurde ein **Ikonenmuseum** eingerichtet. Exzellente

Fresken sind die Auferstehungsszenen in der Südkuppel und vor der Apsis (Mo–Fr 8–15.30 Uhr).

Boğaz [H3]

Neben dem Kai des kleinen Fischerhafens verführt ein glitzernder Sandstrand mit Liegen und Sonnenschirmen zum Baden und Faulenzen. Die Fischtavernen Kemal'in Yeri und Karsel haben einen hervorragenden Ruf und werden auch von Ausflüglern aus dem griechischen Teil der Insel gern besucht.

Restaurant

Kemal'in Yeri €€

❗ Frischer Fisch in schöner Umgebung direkt am Hafen. Probieren Sie die Fisch-Mezeler; tgl. ab 11 Uhr.
- Boğaz
  Tel. 371 2515

Büyükkonuk 18 [H2]

Das von knorrigen Oliven- und Johannisbrotbäumen umgebene Bauerndorf bemüht sich um sanften, ökologisch orientierten Tourismus. Angeboten werden beispielsweise Töpfer-, Web-, Kunst- und Kochkurse, Schafe hüten und Ausritte per Esel, auch eine alte Olivenmühle lockt Besucher. Dreh- und Angelpunkt aller Aktivitäten – inzwischen auch Unterkunft im B & B, geführte Wanderungen und Radtouren – ist die rührige Eco-Tourism Organsation (www.ecotourismcyprus.com). An einem Sonntag im Mai und im Oktober großes Öko-Festival mit Markt.

Kantara 19 ⭐ [G/H2]

Von dem gleichnamigen Ort aus erreicht man in einem halbstündigen Spaziergang die Burg Kantara (700 m ü. d. M.). Als die östlichste der drei Burgen auf dem Kamm des Beşparmak wurde sie im 10. Jh. errichtet, im 14./15. Jh. hielten die Lusignans hier genuesische Widersacher in Schach. Die Venezianer gaben Kantara auf – einer Seemacht mussten Burgen im Gebirge nutzlos erscheinen (April–Okt. tgl. 8 bis 17 Uhr, Nov.–März 8–15.30 Uhr).

Halbinsel Karpaz

Zyperns abgelegener »Pfannenstiel« mit nur wenigen Hotels und Pensionen bleibt für große Reiseveranstalter ein weißer Fleck – und damit ein

Weit ist der Blick von der Burg Kantara

Paradies für Individualisten. Viel Natur, durch die wilde Esel streifen, herrliche Dünenstrände, an denen Meeresschildkröten ihre Eier ablegen › **Special rechts,** freundliche Menschen und Zeugnisse längst untergegangener Kulturen kennzeichnen diesen Teil der Insel.

Yenierenköy 20 und Sipahi 21 [J1]

Yenierenköy bietet mit dem Halk Plajı und der Bucht Malibu zwei schöne Badestrände. Im Nachbardorf **Sipahi** findet man die Reste der Basilika Agia Trias (5. Jh.). Neben Säulenstümpfen sind Bodenmosaiken mit geometrischen Mustern erhalten (April–Okt. tgl. 8–17 Uhr, Nov.–März 8–15.30 Uhr). **50 Dinge** 13 › S. 13 und **50 Dinge** 22 › S. 14.

Info
Karpaz Turizm Ofisi
• Yenierenköy
  Tel. 374 4984
  Mo–Sa 9–13, 14–17 Uhr

Hotel
Club Malibu Beach Hotel €€
Strandhotel und Restaurant, hell, kühl, sauber.
• Malibu Plajı
  Tel. 374 4264

Dipkarpaz 22 [K1]

Im größten Ort der Halbinsel Karpaz (5500 Einw.) steht die »Weiße Kirche« **Agios Synesios** in Sichtweite zur neuen Moschee. Die Griechen haben ihr Kafenion und können ihre Kinder in einer eigenen Schule unterrichten.

Hotel
Glaro Garden €€
❗ Sechs hübsche Bungalows im ortstypischen Stil, nette Besitzer.
• Tel. 0533 881 0161
  www.glarogarden.com

Agios Filon 23 [J/K1] und Effendiler 24 [K1]

Aus den Trümmern der von den Arabern zerstörten Stadt Kapasia, der die Halbinsel den Namen verdankt, wurde im 10./11. Jh. die Kreuzkuppelkirche **Agios Filon** gebaut – vor dem blauen Meer ist sie ein attraktives Fotomotiv.

In **Effendiler** (griechisch *Afendrika*) endet der Fahrweg. Disteln und Macchia überwuchern hier etliche nie ausgegrabene Ruinen. Ein Kirchlein, dem Stil nach unter der Lusignan-Dynastie errichtet, ist noch einigermaßen intakt.

Golden Beach 25 ⭐ [K1]

An der Südseite der Halbinsel führt die Teerstraße zu diesem endlos langen, unverbauten Sandstrand mit traumhaften Dünen. Für die Meeresschildkröten, die hier ihre Eier ablegen, hat das Umweltministerium ein Schutzprojekt initiiert. Die einst beliebten Strandhütten wurden behördlich geschlossen, man munkelt von einem geplanten Hotelkomplex.

Agios Andreas 26 [K1]

Wo sich das Kloster erhebt, soll der reisefreudige Bruder des Apostels Petrus an Land gegangen sein und für seine halbverdursteten Seeleute eine Quelle aus dem Fels geschlagen

SPECIAL

Bedrohte Schildkröten

Die zunehmende Verschmutzung des Mittelmeeres und die Erschließung seiner Sandstrände für den Fremdenverkehr engen den Lebensraum der Unechten Karettschildkröte *Caretta caretta* und der Grünen Meeresschildkröte *Chelonia mydas* zusehends ein. Obwohl die Tiere streng geschützt sind und ihr Fleisch längst aus den Supermarktregalen verschwunden ist, erreicht nur noch eine von 4000 jungen Schildkröten das Erwachsenenalter, in dem sie ihrerseits für Nachwuchs sorgen kann.

Auch auf Nordzypern engagieren sich Tierfreunde für den Schutz der gepanzerten Urviecher und bitten mit Schildern an den Badestränden um entsprechende Rücksichtnahme. Die Küsten des Karpaz sind eines der letzten Rückzugsgebiete, in denen die Schildkröten ihre Eier noch weitgehend ungestört ablegen können. In den Frühsommernäch-

ten kommen die bis 1 m langen und bis 250 kg schweren Weibchen an Land und graben mit großer Kraftanstrengung ein Loch in den Sand, in dem sie ihre etwa 40 tennisballgroßen Eier ablegen. Sofern keine Füchse, Sandburgen bauenden Kinder, Sonnenschirme oder Autoreifen die Gelege zerstört haben, schlüpfen nach knapp zwei Monaten die Jungen, schaufeln sich frei und rennen um ihr Leben zum Wasser.

Das Schauspiel just zur touristischen Hochsaison lockt immer wieder Gaffer an, die die aus Tierfilmen bekannten Bilder »live« erleben wollen – und für die Jungtiere zum Verhängnis werden: Da die kleinen Schildkröten sich an der Lichtspiegelung des Mondes auf dem Meer orientieren, werden sie durch jedes künstliche Licht verwirrt und können sich daher nicht in Sicherheit bringen.

haben, die noch heute in einer fränkischen Kapelle plätschert. Die Klosteranlage wird seit 2014 unter der Leitung eines UN-Teams restauriert, die Arbeiten am historischen Teil sollen 2018 abgeschlossen sein. Auf dem Platz vor der Klosterkirche reihen sich Marktstände mit viel Kitsch, Kunst und Devotionalien, an der Zufahrt betteln Esel um Futter und Aufmerksamkeit.

Hotel

Sea Bird €

Stimmungsvolle Robinsonade am Dünenstrand in Holzbungalows mit Dusche/WC. Ein Restaurant serviert einfache Fischgerichte.

• Hinter dem Kloster
  Tel. 0533 875 6336
  www.seabirdmotel.com

Kaleburnu 27 [J1]

Aufmerksame Spaziergänger entdeckten auf dem **Kraltepe** (»Königshügel«) bei Kaleburnu einen vergrabenen Tonkrug – und damit eine archäologische Sensation, denn das Behältnis enthielt allerlei metallene Gefäße und Werkzeuge aus der Bronzezeit. Uwe Müller von der Universität Famagusta erforschte gemeinsam mit deutschen Experten und Studenten den Hügel. Er hat dort Spuren eines Palasts und einer Siedlung freigelegt.

Restaurant

Tepe €€

Ca. 20 km westlich an der Straße nach Boğaz. ⚠ Gutes Essen, z. B. Spießbraten, mit Panoramablick.

• Kumyalı | Tel. 375 5251

Oben: Die Klosteranlage des Agios Andreas
Rechts: Petra tou Romiou, hier soll Aphrodite dem Meer entstiegen sein

EXTRA-
TOUREN

Höhepunkte Zyperns in zwei Wochen

Tour 19

Verlauf: **Larnaka** › **Famagusta** › **Nikosia** › **Girne** › **Limassol** › **Paphos** › **Akamas** › **Troodos-Gebirge** › **Larnaka**

Karte: Klappe hinten

Dauer:
Larnaka › **Famagusta** 1 Std. per Mietwagen und Taxi; **Larnaka** › **Nikosia** 1 Std. per Mietwagen; **Nikosia** › **Girne** ½ Std. per Taxi; **Larnaka** › **Limassol** 1 Std. per Mietwagen; **Limassol** › **Paphos** 1 Std. per Mietwagen; **Paphos** › **Akamas** ¾ Std. per Mietwagen; **Paphos** › **Platres** 2 Std. per Mietwagen; **Platres** › **Larnaka** per Mietwagen 2 Std.

Verkehrsmittel:
Mit einem in Südzypern übernommenen Mietwagen sind üblicherweise keine Fahrten nach Nordzypern erlaubt. Deswegen empfiehlt sich für die Fahrt von Nikosia nach Girne das Taxi. Auch für den Abstecher nach Famagusta stehen an der Grenze Taxis bereit.

Sie beginnen Ihre Reise in **Larnaka** › S. 59 und stimmen sich dort etwa mit einem Bummel über die Uferpromenade oder mit einer Bootstour auf Zypern ein. Eine kurze Fahrt führt Sie von der Partymetropole **Agia Napa** › S. 55 ins Naturschutzgebiet am Wind verwehten Kap Gkreko. In Deryneia, dem letzten Dorf vor der Demarkationslinie, spähen Neugierige von Aussichtsplattformen hinüber in die verlassene Geisterstadt Varosha. Dann geht es in den türkischen Landesteil nach **Famagusta** › S. 134, die Stadt des Othello und der Kreuzritter, die hier prächtige gotische Kirchen hinterließen.

Zurück im griechischen Zypern steht die Hauptstadt **Nikosia** › S. 107 auf dem Programm. Ohne große Formalitäten können Sie auch in das türkische Stadtviertel hinüberschlendern und dort orientalisches Flair schnuppern. Ein Taxi bringt Sie hinauf in die Kreuzritterburg

Zyperns ältestes Kloster, Stavrovouni, dürfen nur Männer besuchen

Ländliches Idyll: Straße in Omodos

St. Hilarion › S. 128, auf die Kalksteinfelsen des Kyrenia-Gebirges, und weiter an die Nordküste nach **Girne** › S. 122 mit seinem romantischen, von alten Speicherhäusern gesäumten Hafen.

Am Weg in die lebensfrohe Großstadt **Limassol** › S. 67 lohnen Abstecher in Zyperns ältestes Kloster **Stavrovouni** › S. 64. Am nächsten Tag besuchen Sie das herrlich auf einem Plateau über dem Meer gelegene Ruinenfeld **Kourion** › S. 71 und haben die Qual der Wahl, sich gleich hier am Strand von den Besichtigungen zu erholen oder damit bis zum **Felsen der Aphrodite** (Petra tou Romiou) › S. 74 zu warten, an dem die Göttin dem Meer entstieg. Auch ein Besuch im Aphrodite-Heiligtum von Kouklia bietet sich an.

Höhepunkte im archäologischen Bezirk von **Paphos** › S. 82 sind die prächtig erhaltenen Mosaikfußböden, auf denen reiche Römer Episoden aus antiken Mythen und Heldengeschichten in Szene setzen ließen. Nördlich der Stadt hat sich der Avakas-Bach eine spektakuläre Klamm in den Fels gegraben. Auch die **Halbinsel Akamas** › S. 89 mit ihren Naturpfaden und dem »Bad der Aphrodite« lädt zu Spaziergängen und Wanderungen ein.

Das Troodos-Gebirge ist durch Straßen und Waldwege gut erschlossen. Das Weindorf **Omodos** › S. 75 erinnert mit seinen weißen Häuschen an die Kykladen. In **Pano Platres** › S. 100 ist noch etwas vom Flair der britischen Kolonialzeit zu spüren. Weitab von jedem Dorf liegt das palastartige Kloster **Kykko** › S. 105, Zyperns reichster und mächtigster Konvent. Besuchen sollte man auch die charakteristischen, äußerlich recht bescheidenen »Scheunendachkirchen« mit ihren mittelalterlichen Wandmalereien. Die Schönste unter ihnen ist die von der UNESCO zum Weltkulturerbe geadelte Waldkapelle **Panagia Asinou** › S. 106. In der von Steilhängen geprägten **Region Pitsylia** › S. 105 erfreuen im Hochsommer Rosenfelder Augen und Nase. Der Rückweg führt über das für Spitzen und Stickereien bekannte **Lefkara** › S. 64.

Eine Woche Nordzypern mit Nikosia

Tour 20

**Verlauf: Girne › Güzelyurt › Soli und Vouni › Nikosia › Karpaz-Halbinsel ›
Famagusta › Beşparmak-Gebirge › Girne**

Karte: Klappe hinten
Dauer:
Per Mietwagen **Girne › Güzelyurt › Vouni** 1½ Std.; **Girne › Apostolos Andreas
(Karpaz)** 2 Std.; **Apostolos Andreas › Famagusta** 1½ Std.; **Famagusta › Girne**
1¼ Std.; **Girne › Nikosia** ½ Std.
Verkehrsmittel:
Einen Mietwagen › S. 25 können Sie vorab per Internet oder kurzfristig direkt bei
einem Verleiher in Nordzypern buchen. Beachten Sie, dass mit einem in Südzypern
übernommenen Mietwagen üblicherweise Fahrten nach Nordzypern verboten
sind. Nur wenige lokale Mietwagenfirmen machen eine Ausnahme.

Während einer Urlaubswoche können Sie alles Wesentliche an Kultur und
Natur erleben, was Nordzypern zu bieten hat – und haben dabei noch genug
Muße für faule Stunden am Strand, erholsame Wanderungen und lauschige
Abende in Tavernen. Von der Region Girne (Kyrenia), wo die meisten
Urlauber Quartier nehmen, lässt sich noch die entlegendste Ecke des
türkischen Landesteils in gerade einmal zweieinhalb Autostunden
erreichen. Schnell genug, um von interessanten Ausflügen abends
wieder in das Hotel zurückkehren zu können. Nur für die Tour auf die
Halbinsel Karpaz sollte man eine Zwischenübernachtung einplanen.

Beginnen Sie Ihre Ferien mit der Erkundung des Hafenstädtchens **Girne** › S. 123. Bummeln Sie durch die hübschen Gassen, besuchen Sie die Festung mit ihren Museen und gönnen Sie sich eine Pause in den Cafés am malerischen Hafen. Auch ein Ausflug zur Burg **St. Hilarion** › S. 128 passt gut ins Tagesprogramm.

Am Hafen von Girne

Den nächsten Tag widmen Sie den Ausgrabungen von **Soli** › S. 131 und **Vouni** › S. 131 im Westen der Insel. Am Weg dorthin liegt der Marktort **Güzelyurt** (Morfou) › S. 129 mit Kirche und Museum. Ein Abstecher führt in das Städtchen **Lefke** › S. 131 mit seinen schönen Palmengärten und interessanten Bergbau-Hinterlassenschaften. Zu jedem Zypern-Urlaub gehört schließlich der Besuch der Inselhauptstadt **Nikosia** › S. 107.

Die Tour auf die Halbinsel Karpaz beginnt mit der Fahrt entlang der Nordküste ab Girne. Nicht nur Kinder spielen auf der Burg **Kantara** › S. 141 gern Ritter und Burgfräulein. Das Dörfchen **Büyükkonuk** › S. 141 ist eine gute Adresse für den Kauf traditioneller Handwerkskunst. Auf Karpaz sollte man die Mosaiken der Basilika **Agia Trias** in Sipahi › S. 142 und der Kreuzkuppelkirche **Agios Filon** › S. 142 anschauen und das **Andreas-Kloster** › S. 142. Auf dem Weg lädt der herrliche Dünenstrand **Golden Beach** › S. 142 zu einer Badepause ein. Bei **Kaleburnu** › S. 144 wurde jüngst ein spätbronzezeitlicher Fürstensitz entdeckt. Einfache Übernachtungsmöglichkeiten gibt es im Hauptort **Dipkarpaz** › S. 142.

Dann steht **Famagusta** › S. 134 auf dem Programm. Shakespeare hatte es zur Bühne seines »Othello« gewählt. Vor der Stadt liegt die antike Metropole **Salamis** › S. 138 und das **Barnabas-Kloster** › S. 137, in dem man die Gründungslegende von Zyperns Kirche erfährt. Im Beşparmak-Gebirge reicht der Blick von der Kreuzritterburg **Buffavento** › S. 132 bei gutem Wetter bis zum anatolischen Taurus. Der Garten des Klosters **Antifonitis** › S. 133 und die Waldparkplätze bei der Forststation **Alevkaya** › S. 132 eignen sich gut zum Picknick mit anschließender Wanderung. Die Lektüre von Lawrence Durells »Bittere Limonen« stimmt Sie auf **Bellapais** › S. 127 ein.

Die Kirche des Barnabas-Klosters ist heute ein Ikonenmuseum

Infos von A–Z

Ärztliche Versorgung

Sprechzeiten: Mo–Fr 9–13, 16–19 Uhr. Notdienste erfährt man aus den aktuellen Zeitungen, in Südzypern auch unter Tel. 192. In Nikosia praktiziert der Deutsch sprechende Arzt Dr. Nicos Danos, Akritas House Apt. 304, 52 Od. Digeni Akrita, Tel. 2275 5610.

Barrierefreies Reisen

Infos für Rollstuhlfahrer über den Zugang zu Hotels, Restaurants, Museen und Sehenswürdigkeiten geben die Broschüre »**Accessible Cyprus**«, die man bei der Fremdenverkehrszentrale erhalten kann, und die Website www. accessible-cyprus.com. Reisen nach Zypern für Menschen mit Handicap veranstaltet **Runa Reisen**, 33803 Steinhagen, www.runa-reisen.de.

Devisenbestimmungen

In Südzypern gibt es für die Ein- oder Ausfuhr von Landes- oder Fremdwährung keine Beschränkungen. Beträge über 10 000 € müssen jedoch deklariert werden. Die Einfuhr von Türkischen Lira oder Devisen nach Nordzypern ist frei. Die Ausfuhr ist auf den Wert von 5000 Dollar oder den bei der Einreise deklarierten Betrag begrenzt.

Diplomatische Vertretungen

Deutschland
- **Botschaft**: 10 Nikitaras, Nikosia, Tel. 2245 1145, Mo–Fr 9–12 Uhr, www.nikosia.diplo.de
- **Büro** im türkischen Sektor: Mehmet Akif Cad. Nr. 29, Lefkoşa Tel. 227 5161, Di–Do 10–14 Uhr

Österreich
- **Botschaft**: 34 Dimosthenous Severi, Nikosia, Tel. 2241 0151, Mo–Fr 9 bis 12.30 Uhr, nicosia-ob@bmeia.gv.at

Schweiz
- **Botschaft**: 2 Polyviou Dimitrakopoulou/Prodromou, Nikosia, Tel. 2246 6800, Mo–Fr 9–12 Uhr, www.eda.admin.ch/nicosia

Ein- und Ausreise

In beide Landesteile können Schweizer und EU-Bürger mit gültigem Reisepass oder der Identitätskarte bzw. dem Personalausweis einreisen. Der bei der Einreise in den türkischen Landesteil ausgehändigte Stempelzettel muss bis zur Ausreise aufgehoben und dann wieder abgegeben werden.

Wer vom griechischen in den türkischen Landesteil oder umgekehrt reisen möchte, muss bestimmte Sektorenübergänge mit Ausweis- und Zollkontrolle passieren. Mitbringsel aus dem jeweils anderen Landesteil sind dabei nur bis zum Gegenwert von 260 € erlaubt. Die Sektorenübergänge sind rund um die Uhr geöffnet und befinden sich in Nikosia (Agios Dometios für Autofahrer, Ledra Palace, Ledra Street für Fußgänger), bei Pyla (Pergamos), bei Agios Nikolaos (Strovilia) und bei Astromeritis (Zodhia). Ein weiterer Übergang zwischen Vouni und Pyrgos wurde geöffnet. Mietfahrzeuge aus dem Süden dürfen in den türkischen Landesteil fahren, wenn der Verleiher es erlaubt. Am Sektorenübergang muss eine zusätzliche Haftpflichtversicherung abgeschlossen werden. Mit Mietfahrzeugen aus dem Norden ist die Einreise in den Süden nicht möglich. Aktuellste Auskünfte erhalten Sie unter www.auswaertiges-amt.de.

Elektrizität

Die Netzspannung beträgt 220 bis 240 Volt Wechselstrom. Adapter für Stecker verleihen die meisten größeren Hotels.

Feiertage

Im griechischen Landesteil:

- 1. Januar: Neujahrstag
- 6. Januar: Dreikönigstag
- 25. März: griech. Unabhängigkeitstag
- 1. April: griech.-zypr. Nationalfeiertag
- 1. Mai: Tag der Arbeit
- 15. August: Mariä Entschlafung
- 1. Oktober: zypr. Unabhängigkeitstag
- 28. Oktober: griech. Nationalfeiertag
- 25./26. Dezember: Weihnachten

Die beweglichen Feiertage Rosenmontag, Karfreitag, Ostersamstag bis Ostermontag und Pfingsten werden nach dem orthodoxen (julianischen) Kalender berechnet und sind in der Regel einige Wochen nach unseren entsprechenden Festen.

Im türkischen Landesteil:

- 1. Januar: Neujahrstag
- 23. April: türk. Unabhängigkeitstag
- 1. Mai: Tag der Arbeit
- 19. Mai: Tag der Jugend u. des Sports
- 20. Juli: Tag des Friedens, zur Erinnerung an die Invasion 1974
- 1. August: Tag d. Befreiungskampfes
- 30. August: Sieg der Türken 1922 über die Griechen
- 29. Oktober: türk. Nationalfeiertag
- 15. November: türk.-zypr. Nationalfeiertag

Die religiösen Feiertage richten sich nach dem islamischen Mondkalender und sind pro Jahr zehn oder elf Tage früher. Die beiden großen Feste Şeker Bayramı (am Ende des Fastenmonats Ramadan) und Kurban Bayramı (das Opferfest im Monat der Pilgerfahrt) werden drei bis fünf Tage lang gefeiert.

FKK

An den Stränden im griechischen Landesteil ist quasi alles erlaubt, sofern noch ein Stückchen Stoff die Blöße bedeckt. Völlig textilfrei badet niemand auf Zypern, jedenfalls nicht dort, wo andere zuschauen könnten. Wo die Einheimischen weitgehend unter sich sind, sollte auf alle Fälle auch die weibliche Brust verhüllt bleiben. Im türkischen Landesteil sind die Sitten strenger. Hier kann allenfalls an Hotelstränden »oben ohne« gebadet werden.

Geld und Währung

Währungseinheit im griechischen Landesteil ist der Euro. Die Banken und Hotels akzeptieren Reiseschecks sowie alle üblichen Kreditkarten. Mit Visa- oder Eurocard sowie Bankkarte kann auch an Bankautomaten Geld abgehoben werden. Landeswährung des Nordens ist die Türkische Lira (TRY). Touristische Waren oder Hotelzimmer sind in Euro oder Pfund ausgezeichnet, die dann zum Tageskurs umgerechnet werden. Die Wechselkurse sind in Nordzypern viel günstiger als in Mitteleuropa. Banken und Hotels wechseln Reiseschecks gegen eine Kommission von 2–5 %. Staatlich lizenzierte private Wechselstuben haben auch am Wochenende geöffnet. Gängige Kreditkarten sind Eurocard, Visa und Diners.

Information

Über den **griechischen Landesteil** informieren vor der Reise die Auslandsbü-

Urlaubskasse	
Tasse Kaffee	2,50 €
Softdrink (Cola, stilles Mineralwasser)	2,50 €
Glas Bier	3,00 €
Pitta-Sandwich	4,00 €
Kugel Eis	1,75 €
Taxifahrt (Kurzstrecke bis 10 km)	12 €
Mietwagen pro Tag	ab 15 €
1 l Superbenzin	1,20 €

ros von Zyperns Tourismusbehörde CTO.
Vor Ort helfen die CTO-Büros in Nikosia,
Limassol, Larnaka, Paphos, Polis, Agia
Napa und Platres weiter.

Fremdenverkehrszentrale Zypern
Cyprus Tourism Organisation – CTO
In Deutschland
• Schillerstr. 31, 60313 Frankfurt/M.
  Tel. 0 69/ 25 19 19
  Fax 25 02 88
  info@cto-fra.de
• Kurfürstendamm 182
  10707 Berlin
  Tel. 0 30/30 86 83 12
  Fax 30 86 83 08
  cto_berlin@t-online.de
In der Schweiz
• Rudolfstr. 1, 8400 Winterthur,
  Tel. 044/ 262 33 03, Fax 251 24 17
  ctozurich@bluewin.ch
In Zypern (Hauptbüro)
• P.O. Box 24535, CY 1390 Lefkosia
  (Nikosia), Fax 22 33 16 44 (nur
  schriftliche Anfragen)
  cytour@visitcyprus.com
  www.visitcyprus.com

Staatliches Presse- und
Informationsamt:
• www.moi.gov.cy

Über den **türkischen Landesteil** informiert:

Nordzypern-Tourismuszentrum
• Joachimstaler Str. 10–12
  10719 Berlin
  Tel. 0 30/88 92 94 84
  www.nordzypern-touristik.de

Weitere nützliche Hinweise bietet auch
• www.holidaysinnorthcyprus.com

Auf der Insel gibt es auch weitere Info-
büros in Nikosia, Yenierenköy, Girne,
Famagusta und am Flughafen Ercan.

Krankenversicherung

Gesetzlich Versicherte aus EU-Staaten
und der Schweiz genießen auch im griechischen Teil Zyperns Krankenversiche-
rungsschutz. Außerhalb der staatlichen
Krankenhäuser und Ambulatorien akzeptieren aber nur wenige Ärzte die
Europäische Krankenversicherungskar-
te. Es empfiehlt sich daher, für die Dauer
des Auslandsaufenthaltes eine Aus-
landsreise-Krankenversicherung abzu-
schließen. Weitere Einzelheiten erläu-
tert die Internetseite www.dvka.de.

Notruf

In **Südzypern** Tel. 199 und 112 für Polizei, Feuerwehr und Erste Hilfe.
In **Nordzypern** gibt es keine einheit-
liche Notrufnummer. Die Polizei erreicht
man unter Tel. 155, die Feuerwehr unter
Tel. 199, die Ambulanz unter Tel. 112.

Öffnungszeiten
In Südzypern
• **Banken:** Mai–Sept. Mo–Fr 8.15 bis
  13.30 Uhr, Okt.–April auch Mo 15.15
  bis 16.45 Uhr
• **Behörden, Post:** Mo–Fr 8.30 bis
  14.30 Uhr, Mi auch 15–18 Uhr
• **Geschäfte:** Gewöhnlich von 9 bis
  20 Uhr, sonntags wird, wenn über-
  haupt, etwas später geöffnet. Manche Geschäfte haben Mi und Sa
  nachmittags geschlossen. Die Souvenirläden in den Ferienorten schließen erst spät abends.

In Nordzypern
• **Banken:** Mo–Fr 8.30–12,
  14.30–16 Uhr
• **Behörden und Post:** Mo, Di, Mi, Fr
  8–15.30 Uhr, Do 8–13, 14–18 Uhr
  (Dez.–Febr. Do bis 17 Uhr)
• **Geschäfte:** im Sommer Mo–Sa
  8–13, 16–19 Uhr; im Winter Mo–Sa
  8–13, 15–18 Uhr; Lebensmittel-
  geschäfte tgl. bis gegen 20 Uhr

Post

Aus **Südzypern** kostet ein Luftpostbrief (bis 20 g) oder eine Postkarte nach Europa derzeit 0,62 €.

In **Nordzypern** muss man auf den Standardbrief ins Ausland Briefmarken im Wert von 3,30 TRY kleben, auf Postkarten 1,50 TRY. Da Nordzypern die Aufnahme in den Weltpostverein bisher verweigert wird, läuft die Auslandspost über die Türkei.

Auf Sendungen nach Nordzypern dürfen Sie keinesfalls »Zypern« schreiben, da der Brief sonst im Süden landen und nicht mehr weiterbefördert werden würde. Die Post muss wie folgt adressiert werden: »Mersin 10, Türkei«.

Religiöse Stätten

Beim Besuch von Klöstern, Kirchen und Moscheen wird angemessene Kleidung erwartet. Schultern und Beine müssen bedeckt sein. In den oft besuchten Klöstern wie etwa Kykko verteilt man bei Bedarf Tücher und Umhänge.

Sicherheit

Zypern ist nach wie vor eine geteilte Insel. Die Pufferzone zwischen Nord und Süd ist militärisches Sperrgebiet und teilweise vermint. Auch sei davor gewarnt, die seeseitige Verlängerung der Demarkationslinie schwimmend oder etwa mit Booten zu überqueren. Aktuelle Sicherheitshinweise finden Sie auf der Website des deutschen Auswärtigen Amtes unter www.auswaertiges-amt.de. Ansonsten gelten die üblichen Vorsichtsmaßnahmen gegen (Taschen-) Diebstahl u.Ä.

Telefon und Handy

- Vorwahl Deutschland: 00 49
- Vorwahl Österreich 00 43
- Vorwahl Schweiz: 00 41
- Nach Südzypern: 00 357
- Nach Nordzypern: 00 90 392

Telefonnummern sind in Südzypern acht-, in Nordzypern siebenstellig.

Dualband-**Handys** funktionieren auf der ganzen Insel, aber in Gebirgsregionen wie dem Troodos nicht immer. Die Mobilfunktarife auch für Auslandsgespräche sind im griechischen Landesteil günstig und auf EU-Niveau – anders im Norden. Zum Glück kann das zyperngriechische Netz auch vielerorts in Nordzypern empfangen werden.

Trinkgeld

Im Restaurant sind bis zu 10 % der Rechnungssumme als Trinkgeld üblich. Taxifahrer erwarten eine Aufrundung des Fahrpreises. Das Zimmerpersonal der Hotels rechnet mit einem Trinkgeld.

Zeit

Auf Zypern gilt die osteuropäische Zeit. Aufgrund gleicher Sommerzeitregelung wie in Mitteleuropa sind die Uhren immer um 1 Std. vorzustellen.

Zollbestimmungen

Für EU-Bürger sind Dinge des persönlichen Bedarfs zollfrei (für Personen ab 17 Jahre 800 Zigaretten, 200 Zigarren und 10 l Spirituosen). Für in Nordzypern erworbene Waren gelten die Regeln für Nicht-EU-Länder: Zoll- und steuerfrei sind für Personen ab 17 Jahre 200 Zigaretten, 4 l Wein, 2 l andere Alkoholika unter 22 Vol.-% oder 1 l mit mehr als 22 Vol.-% sowie Waren im Wert von bis zu 430 €, für unter 15-Jährige 175 € (Details unter www.zoll.de).

In die Schweiz ist das Mitnehmen von 250 Zigaretten, 5 l Wein und 1 l Spirituosen erlaubt. Andere Waren des persönlichen Bedarfs oder Geschenke sind bis zum Gesamtwert von 300 CHF abgabefrei. Von Nord- nach Südzypern dürfen nur Waren im Wert von bis zu 135 € gebracht werden, davon max. 40 Zigaretten und 1 l alkoholische Getränke.

Register

Bildnachweis

Coverfoto © Salix-Baum an der Küste bei Protaras © mauritius images/Radius Images/F. Lukasseck
Fotos Umschlagrückseite © Huber Images/Johanna Huber (links), Jahreszeitenverlag/Joerg Lehmann (Mitte); Jahreszeitenverlag/Roland E. Jung (rechts)

AdobeStock/Klemen Misic: 107; AdobeStock/Dimitry Pichugin: U2-3; AdobeStock/Prescott09: U2-2; Ralph-Raymond Braun: 8 o, 9 o, 9 u, 10; CTO: 27, 29, 51; Fotolia/acanthurus666: 59; Fotolia.com/Torsten Bothe: 140; Fotolia/Marco Desscouleurs: 130; Fotolia/efesenko: 81; Fotolia/f8grapher: 66; Fotolia/Marcin Krzyzak: 77; Fotolia/Letty: 17; Fotolia/Kirill_M: 94; Fotolia/Runamock: 145; GlowImages/Imagebroker 20, 108; Huber Images/Johanna Huber: 6; Huber Images/R. Schmid: U2-1, 113, 132-133; Huber Images/Riccardo Spila: 32; Interfoto/Imagebroker/Michael Runkel: 48; Jahreszeitenverlag/Urlike Holsten für GU: 14; Jahreszeitenverlag/Roland E. Junge: 8 u, 35, 39, 65, U2-4; laif/Hemis: 75, 143; laif/H. Müller: 58; laif/Raach: 149; laif/Guenter Standl: 40; LOOK-foto/Jürgen Richter: 76, 95, 96, 118, 136; LOOK-foto/Thomas Peter Widmann: 50; mauritius images/Alamy/DGB: 101; mauritius-images/imageBroker/Maria Breuer: 119; mauritius images/imageBroker/Katja Kreder: 57; mauritius images/Giorgio Ricatto: 125; mauritius images/Torino: 90; shutterstock/Steve Allen: 138; shutterstock/De Visu: 44; shutterstock/Nejdet Duzen: 129, 144; shutterstock/Ionannis Ioannou: 16; shutterstock/Marcin Krzyzak: 13, 148; shutterstock/rj Ierich: 117; shutterstock/luciezr: 72; shutterstock/luckyraccoon: 104; shutterstock/kirill_makaro: 45; shutterstock/Palis Michalis: 42; shutterstock/Ivan Negin: 141; shutterstock/Netfalls - Remy Musser: 46; shutterstock/Rosliak Oleksandr: 28; shutterstock/Dmitry Pichugin: 122; shutterstock/Michal Piec: 93; shutterstock/ruzanna: 103; shutterstock/Shujaa_777: 37, 146; shutterstock/photo stella: 127; shutterstock/Ray B Stone: 43; shutterstock/Alex Sun: 84; shutterstock/windu: 147; shutterstock/yakinii: 62, 71, 114; shutterstock/Yuldoshov: 25; shutterstock/Vladimir Zhoga: 30; shutterstock/Bildagentur Zoonar GmbH: 88; Wikipedia/Rene Boulay Chypre: 106.

Liebe Leserin, lieber Leser,
wir freuen uns, dass Sie sich für diesen POLYGLOTT on tour entschieden haben.
Unsere Autorinnen und Autoren sind für Sie unterwegs und recherchieren sehr gründlich, damit Sie mit aktuellen und zuverlässigen Informationen auf Reisen gehen können.
Dennoch lassen sich Fehler nie ganz ausschließen. Wir bitten Sie um Verständnis, dass der Verlag dafür keine Haftung übernehmen kann.

Ihre Meinung ist uns wichtig. Bitte schreiben Sie uns:
GRÄFE UND UNZER VERLAG
Postfach 86 03 66, 81630 München, Tel. 0 89 / 419 819 41
www.polyglott.de

LESERSERVICE
polyglott@graefe-und-unzer.de
Tel. 0 800 / 72 37 33 33 (gebührenfrei in D, A, CH), Mo–Do 9–17 Uhr, Fr 9–16 Uhr

2. unveränderte Auflage 2018

ISBN 978-3-8464-0274-0

Bei Interesse an maßgeschneiderten
POLYGLOTT-Produkten:
Verónica Reisenegger
veronica.reisenegger@graefe-und-unzer.de

Bei Interesse an Anzeigen:
KV Kommunalverlag GmbH & Co KG
Tel. 089/928 09 60
info@kommunal-verlag.de

Redaktionsleitung: Grit Müller
Verlagsredaktion: Anne-Katrin Scheiter
Autor: Ralph Raymond Braun
Redaktion: Elke Sagenschneider
Bildredaktion: Barbara Schmid
Mini-Dolmetscher: Langenscheidt
Layoutkonzept/Titeldesign:
fpm factor product münchen
Karten und Pläne: Sybille Rachfall und Kunth Verlag GmbH & Co. KG
Satz: uteweber-grafikdesign
Herstellung: Anna Bäumner
Druck und Bindung:
Printer Trento, Italien

PEFC/18-31-506

Ein Unternehmen der
GANSKE VERLAGSGRUPPE

Mini-Dolmetscher Griechisch

Allgemeines

Guten Morgen.	Καλημέρα.	[kalimera]
Guten Tag.	Χαίρετε.	[cherete]
Guten Abend.	Καλησπέρα.	[kalispera]
Hallo! (du)	Γειά σου!	[ja‿βu]
Hallo! (Siezen und Plural)	Γειά σας!	[ja‿βas]
Wie geht es dir?	Τι κάνεις;	[ti kanis]
Wie geht es Ihnen / euch?	Τι κάνετε;	[ti kanete]
Danke, gut.	Καλά ευχαριστώ.	[kala efcharisto]
Ich heiße ...	Λέγομαι ...	[legome]
Auf Wiedersehen.	Αντίο.	[andio]
Morgen	πρωί	[pro‧i]
Nachmittag	απόγευμα	[apojewma]
Abend	βράδυ	[wraδi]
Nacht	νύχτα	[nichta]
morgen	αύριο	[awrio]
heute	σήμερα	[βimera]
gestern	χτες	[chtes]
Sprechen Sie Deutsch / Englisch?	Μιλάτε γερμανικά / αγγλικά;	[milate jermanika / anglika]
Wie bitte?	Ορίστε;	[oriste]
Ich verstehe nicht.	Δεν καταλαβαίνω.	[δen katalaweno]
Sagen Sie es bitte nochmals.	Ξαναπείτε το, παρακαλώ.	[ksanapite to parakalo]
..., bitte	..., παρακαλώ	[..., parakalo]
danke	ευχαριστώ	[efcharisto]
Keine Ursache.	Τίποτε.	[tipote]
was / wer	τι / ποιος	[ti / pjos]
wo / wohin	πού	[pu]
wie / wie viel	πως / πόσο	[pos / poβo]
wann?	πότε / πόση ώρα	[pote / poβi ora]
wie lange		
Wie heißt das?	Πως λέγεται αυτό;	[pos lejete afto]
Wo ist ...?	Πού είναι ...;	[pu ine]
Können Sie mir helfen?	Μπορείτε να με βοηθήσετε;	[borite na me wo‧iθiβete]
ja	ναι	[ne]
nein	όχι	[ochi]
Entschuldigen Sie.	Με συγχωρείτε.	[me βingchorite]
Das macht nichts.	Δεν πειράζει.	[δen pirasi]
Gibt es hier eine Touristeninformation?	Υπάρχει τουριστικό γραφείο εδώ;	[iparchi turistiko grafio eδo]
Haben Sie einen Stadtplan?	Έχετε ένα χάρτη της πόλης	[echete ena charti tis polis]

Shopping

Wo gibt es ...?	Πού έχει ...;	[pu echi]
Wie viel kostet das?	Πόσο κοστίζει αυτό;	[poo kostisi afto]
Wo ist eine Bank?	Πού υπάρχει μια τράπεζα;	[pu iparchi mia trapesa]
Geben Sie mir bitte 100 g (Feta-)Käse / .	Παρακαλώ δώστε μου εκατό γραμμάρια τυρί (φέτα).	[parakalo doste mu ekato gramaria tiri (feta)]
Haben Sie deutsche Zeitungen?	Έχετε γερμανικές εφημερίδες;	[echete jermanikes efimeriδes]
Wo kann ich telefonieren / eine Telefonkarte kaufen?	Πού μπορώ να τηλεφωνήσω / να αγοράσω τηλεκάρτα;	[pu boro na tilefoniβo / na agoraβo tilekarta]

Essen und Trinken

Die Speisekarte, bitte.	Τον κατάλογο, παρακαλώ.	[ton katalogo parakalo]
Was gibt es zu essen?	Τι φαγητά υπάρχουν;	[ti fajita iparchun]
Brot	ψωμί	[psomi]
Kaffee	καφές	[kafes]
Tee	τσάι	[tsa‧i]
mit Milch / Zucker	με γάλα / ζάχαρη	[me gala / sachari]
Orangensaft	χυμός πορτοκάλι	[chimos portokali]
Einen (griechischen) Kaffee, bitte.	Έναν (ελληνικό) καφέ παρακαλώ.	[enan (elliniko) kafe parakalo]
Suppe	σούπα	[βupa]
Fisch	ψάρι	[psari]
Meeresfrüchte	θαλασσινά	[θalaβina]
Fleisch	κρέας	[kreas]
Geflügel	πουλερικά	[pulerika]
Beilagen	γαρνιτούρα	[garnitura]
vegetarische Gerichte	χορτοφαγικά πιάτα	[chortofajika pjata]
Eier	αυγά	[awga]
Salat	σαλάτα	[βalata]
Dessert	επιδόρπιο	[epiδorpio]
Obst	φρούτα	[fruta]
Eis	παγωτό	[pagoto]
Wein	κρασί	[kraβi]
Bier	μπύρα	[bira]
Wasser	νερό	[nero]
Mineralwasser	μεταλλικό νερό	[metalliko nero]
Limonade	πορτοκαλάδα	[portokalada]

Meine Entdeckungen

....

....

....

....

....

....

....

....

....

....

....

....

....

....

....

....

....

....

Clevere Kombination mit POLYGLOTT Stickern

Einfach Ihre eigenen Entdeckungen mit Stickern von 1–16 in der Karte markieren und hier eintragen. Teilen Sie Ihre Entdeckungen auf facebook.com/Polyglottreisewelt.

Checkliste Zypern

Nur da gewesen oder schon entdeckt?

☐ **Kulinarisches 360°-Erlebnis**
Bei den *Mezedes,* einer langen Folge kalter und warmer Häppchen, genießt man die ganze Vielfalt der Inselküche. › S. 13

☐ **Hoch über dem Meer**
Von der Burg Kantara auf dem Kamm des Beşparmak-Gebirges schweift der Blick weit über die Nordküste der Insel. › S. 141

☐ **Wie in alten Zeiten**
Der kleine Ferienort Polis ist zwar kein Geheimtipp mehr, verströmt aber immer noch das Flair eines Fischerdorfes. › S. 89

☐ **Zwischen duftenden Pinien gelegen**
Das Kloster Kykko ist ein wichtiges religiöses Zentrum auf Zypern. Davon zeugen seine schön restaurierten Bauten. › S. 105

☐ **Landestelle der Göttin**
Die azurblaue Badebucht beim Petra tou Romiou, wo Aphrodite dem Meer entstiegen sein soll, ist eine der schönsten Partien von Zyperns langer Küste. › S. 74

☐ **Im Bann des Olymp**
Eine Radtour führt nahezu rund um Zyperns höchsten Gipfel und punktet mit herrlichen Aussichten, seltenen Pflanzen und ungewöhnlichen Felsformationen. › S. 96

☐ **Postkartenansicht**
Die Hafenbucht von Girne, gesäumt von ankernden Fischkuttern, Speicherhäusern, Tavernen und einer wehrhaften Burg, sucht im Mittelmeerraum ihresgleichen. › S. 123

Mitbringsel für Daheim

Sommer im Glas: Eingekochte Früchte *(glyko)* schmecken zu Hause noch nach Urlaub › **S. 15**

Flüssiges Gold: Das Olivenöl von Oleastro verströmt ein intensives Aroma › **S. 15**